高职高专"十三五"规划教材

旅游管理系列 >>

Lüyou Chanpin Sheji yu Caozuo

旅游产品设计与操作

2 第二版
EDITION

张素娟　宋雪莉　主编

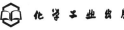

化学工业出版社

·北京·

《旅游产品设计与操作》（第二版）含四大模块内容，按照任务驱动法进行编写：第一个模块是旅游新产品设计与操作需要的知识支撑；第二个模块是旅游新产品设计的准备；第三个模块是旅游新产品策划、设计过程；第四个模块是旅游产品设计案例。

　　教材对每项设计任务都提出操作要求，分析相关新产品设计的案例，指出各类新产品设计应该注意的问题，要求学习者对旅行社产品的设计内容、管理方法、运作方式进行真实训练，在真实训练中完成教学一体化的全过程，实现由理论知识到职业技能、产品研发能力和管理能力的转化。

　　本书适合作为高职旅游管理专业教材，也可供相关人员阅读、参考。

图书在版编目（CIP）数据

旅游产品设计与操作/张素娟，宋雪莉主编. —2 版 . —北京：化学工业出版社，2018.7（2025.7重印）
高职高专"十三五"规划教材
ISBN 978-7-122-32110-7

Ⅰ.①旅…　Ⅱ.①张…②宋…　Ⅲ.①旅游产品-产品设计-高等职业教育-教材　Ⅳ.①F590.63

中国版本图书馆 CIP 数据核字（2018）第 092042 号

责任编辑：于　卉　　　　　　　　　　文字编辑：李　瑾
责任校对：吴　静　　　　　　　　　　装帧设计：王晓宇

出版发行：化学工业出版社（北京市东城区青年湖南街 13 号　邮政编码 100011）
印　　装：北京天宇星印刷厂
710mm×1000mm　1/16　印张 12½　字数 201 千字
2025 年 7 月北京第 2 版第 7 次印刷

购书咨询：010-64518888（传真：010-64519686）　售后服务：010-64518899
网　　址：http://www.cip.com.cn
凡购买本书，如有缺损质量问题，本社销售中心负责调换。

定　　价：**29.80 元**　　　　　　　　　　　　版权所有　违者必究

编写人员名单

主　　编　张素娟　宋雪莉
副主编　陈　楠　赵　宁　史广峰
编写人员　（按姓名汉语拼音排序）
　　　　　陈　楠　常向鹏　樊莉莉　卢　爽
　　　　　莫春雷　史广峰　宋雪莉　张素娟
　　　　　赵　宁

前　言

进入新时代，旅游业作为国民经济的战略性支柱产业，无论从国家宏观发展要求，还是从自身发展需要，都到了从高速旅游增长阶段转向优质旅游发展阶段的关键节点，成为衡量人民幸福生活的新指标。联合国世界旅游组织的测算数据显示中国旅游产业对国民经济综合贡献和社会就业综合贡献均超过10％，高于世界平均水平。中国已经成为世界最大的出境旅游消费国，并拥有世界最大的国内旅游市场。

在大众旅游时代、全域旅游发展格局下，我国旅行社急需大量旅游产品设计人才，开发适应市场需求的、丰富多彩的旅游新产品。然而，由于旅游产品开发人才匮乏、经验不足，导致许多旅行社跟风盛行、盲目模仿，以致有特色的旅游产品少，无差别、无特色的产品多，众多旅行社经营着千篇一律的产品。同质化的产品降低了旅游者出游的积极性，对旅行社的经营也带来了严重制约，由此形成的销售大幅降价，已经威胁到一些实力较弱的旅行社的发展和生存。因此，谁能率先进行旅游产品设计的创新，谁就能占领更大的市场份额，谁就可以实现更好发展。

旅游新产品开发是一项系统工程，要不断学习、精心组织、严格控制，才能提高成功率。本教材通过四大模块内容，按照任务驱动法进行编写：第一个模块是旅游新产品设计与操作需要的知识支撑；第二个模块是旅游新产品设计的准备；第三个模块是旅游新产品策划、设计过程；第四个模块是旅游产品设计案例。模块二、三、四每个步骤都布置了设计或实操任务，以此培养学生及旅游从业人员熟悉新产品设计的程序，掌握新产品设计的方法。同时，通过新产品设计案例的分析，学习各种类型新产品设计的经验，关注各类新产品设计应该注意的问题，从而锻炼和提高新产品设计与操作的能力。

2013年《中华人民共和国旅游法》的出台，为旅游新产品设计提供了新的指导，2015年冬奥会的成功申办为冰雪旅游提供了巨大的发展机遇，本次再版我们主要修订了与旅游法相违背的内容，增加了冰雪旅游产品的设计，去掉了旧的旅游管理条例。

本课程对旅行社产品的设计内容、管理方法、运作方式都应根据任务要求进行真实训练，在真实训练中完成教学一体化的全过程，实现由理论知识到职业技能、产品研发能力和管理能力的转化。

本书在编写过程中，我们还参考了和借鉴了一些文献资料，未能一一注明出处。在此一并向各位作者表示感谢！

由于作者水平有限，书中错误和纰漏在所难免，敬请广大读者批评指正。

编者
2018 年 3 月

第一版前言

目前，我国旅行社在产品开发中，跟风盛行、盲目模仿，导致有特色的旅游产品少，无差别、无特色的产品多，众多旅行社经营着千篇一律的产品。同质化的产品降低了旅游者出游的积极性，给旅行社的经营也带来了严重的制约，由此形成销售大幅降价，已经威胁到一些实力较弱的旅行社的发展和生存。因此，谁能率先进行旅游产品设计的创新，谁就能占领更大的市场份额，谁就可以迅速发展。

新产品开发是一项系统工程，要不断学习、精心组织、严格控制，才能提高成功率。《旅游产品设计与操作》通过四大模块内容，按照任务驱动法进行编写：第一个模块是旅游新产品设计与操作需要的知识支撑；第二个模块是旅游新产品设计的准备；第三个模块是旅游新产品策划、设计过程；第四个模块是旅游产品设计案例。循序渐进的过程安排符合人们的认知规律，符合新产品的设计的工作实际，每项任务都提出了操作要求，以此培养学生及旅游从业人员熟悉新产品的设计程序、掌握新产品的设计方法，最后通过新产品设计案例的分析，学习各种类型新产品设计的经验，关注各类新产品设计应该注意的问题，从而锻炼和提高新产品设计与操作的能力。

本课程中旅游产品的设计内容、管理方法、运作方式都应根据任务要求进行真实训练，在真实训练中完成教学一体化的全过程，实现由理论知识到职业技能、产品研发能力和管理能力的转化。

张素娟编写了模块二　旅游新产品设计的准备与模块四　旅游产品设计案例的任务六至任务十部分，宋雪莉编写了模块三　旅游新产品策划、设计过程和模块四　旅游产品设计案例的任务一至任务五部分及模块一　第二部分，陈楠编写了模块一中旅行社财会管理对新产品设计与操作的支撑，赵宁编写了模块一中旅游营销对旅行社产品设计与操作的支撑，史广峰编写了模块一中旅游心理学对旅游新产品设计与操作的支撑、中国旅游地理对旅行社产品设计与操作的支撑，常向鹏编写了模块一　第五部分、卢爽、莫春雷、樊莉莉等也参加了案例的部分编写工作。

在编写过程中，我们参考并借鉴了有关文献资料，未能一一注明出处，在此一并向各位作者表示感谢！

由于编者水平有限，书中存在纰漏在所难免，敬请广大读者批评指正。

编者
2012 年 3 月

目　录

模块一　旅游新产品设计与操作需要的知识支撑

第一部分　旅游心理学对旅游新产品设计与操作的支撑

从心理学角度来说，旅游产品就是旅游者花费一定的时间、金钱和精力所获得的个人经历。旅游服务实质上是旅行社人员通过为旅游者提供帮助，使旅游者获得美好经历的过程。使旅游者获得美好的经历需要迎合旅游者的心理，满足旅游者的需要。不了解旅游者的心理而进行的旅游服务是无理性的，也是无法得到好的结果的。

一、研究旅游者消费心理是旅游新产品设计与操作的基础

对于旅行社产品设计者而言，了解旅游者的心理规律可以正确理解并预测客人的行为，从而为影响和引导旅游者的行为打下基础。

美国著名心理学家勒温提出的行为公式，有助于对这个问题的分析。

勒温的行为公式是：行为＝f（人格×环境）

勒温认为，人的行为受两大因素影响，一个是人格，另一个是人所处的环境，人的行为就是人格和环境的函数。所谓人格，简单地说就是个人的心理特点系统。

每个人的心理都具有与他人不同的特点，因而形成相互之间在心理因素上的差别。由于这种差别的影响，使得人们在面对相同的旅游条件时产生不同的反应：有的产生旅游行为，有的不产生旅游行为；有的产生这种旅游行为，有的产生那种旅游行为。另外，环境是影响人的行为的另一个重要因素，人的行为就取决于人格和环境二者力量的对比，以及它们之间的相互作用。所以，一方面要探讨旅游者的人格因素，也就是旅游者的心理因素对旅游行为的影响，另一方面要探讨旅游者所处的外部环境对旅游行为的影响。

探讨旅游者的旅游消费心理，就是要探讨旅游行为产生的规律，探讨旅游者的旅游知觉、旅游动机、旅游态度、旅游者的人格、旅游者的情感以及旅游审美心理等方面，了解心理因素对旅游行为的产生、旅游选择和旅游心

理效果的影响。

二、研究旅游心理可以促使旅游者形成旅游决策

（一）态度决定行为

态度是一种复杂的心理现象，它的形成和发展受到个体过去的知识、经验、动机等因素的影响。态度会影响到行为取向。某种态度一经形成，就会对人的行为产生极大的影响。因此，要深入了解旅游者的心理和行为，就必须研究旅游者的态度。态度的构成主要包括三种成分，即认知成分、情感成分和意向成分。

（1）认知成分是指对人、对事物的认识、理解和评价，即人们常说的印象。它是态度形成的基础。比如，某游客认为厦门是个好地方，环境整洁优美，海滨风光秀丽，气候湿润宜人，这就是游客对厦门的看法。

（2）情感成分是指对人、对事所作出的情感判断，它是态度的核心，并和人们的行为紧密相连。比如，当某游客对厦门作出了评价，有了印象后认为"厦门是个美丽的、可爱的城市"，这里就清楚地看出积极的情感成分。

（3）对事的反应倾向，也就是行为的准备状态。人们研究态度中的行为成分常常根据态度中的情感成分推测。比如，某游客对厦门产生了积极肯定的情绪情感，他在心理上就积极地做各种准备，一旦外部条件成熟就可能来厦门旅游。

态度的上述三种成分一般是协调一致的。比如，游客到厦门后选择酒店过程中，如果他认为华侨大厦酒店服务质量佳，硬件条件好，所处位置方便，他就会对华侨大厦酒店比较满意，产生喜欢、愉快的情感，从而准备住到那里。因此，态度的三种成分之间的相互一致性，对我们研究客人的态度与行为的关系是非常重要的。但是，态度是人的内心体验，不能直接被观察到，只能通过人的语言、表情、动作等进行判断。比如，客人对酒店的服务感到满意，常常表现为温和、友好、礼貌、赞赏等；如果客人不满意就可能表现出烦躁、易怒，容易制造事端。

（二）态度与旅游偏好

根据态度即便不能完全预测人们的实际行为，却可以很好地预测人们的旅游偏好。所谓旅游偏好，是指人们趋向于某一旅游目标的心理倾向。旅游偏好与旅游行为之间直接相关，这也正是我们探讨旅游偏好的原因。

人们在形成旅游态度的过程中，首先要权衡和评价某个旅游产品能否使他有所收获。如果经过分析、评价，认为各种收获都能满足他的需要，他就

会对这一旅游产品产生偏好。

（三）设计旅游新产品可以改变旅游者的态度

旅游者的态度，是旅游者在旅游活动中形成的对旅游产品的肯定或否定的心理倾向。对旅游产品持积极肯定的态度会推动旅游者完成旅游活动，而消极否定的态度，则会阻碍旅游者完成旅游活动。

通常旅游者在行动之前，首先会主动收集各种相关的信息。各种信息间的一致性越强，形成的态度越稳固越不容易改变。其次，旅游者之间会进行交流，由于旅游者之间角色、身份、目的和利益的相同或相似性，彼此的意见也容易被接受，旅游者之间的态度会相互影响。再次，旅游者的态度也会受其所在团体态度的影响。这就是所谓的群体压力下的"从众行为"。

要促进旅游者产生旅游行为，促成旅游活动，就必须把旅游者的消极态度转变为积极态度，把否定态度转变为肯定态度。那么如何改变旅游者的态度呢？

1. 设计新的旅游产品，提高旅游产品质量

旅游产品是旅游者在旅游过程中所购买的各种物质产品和服务的总和。从某种意义上讲，设计新的旅游产品是改变旅游者态度最基本、最有效的方法。只有不断设计新的旅游产品，提高旅游产品质量，才能长期占有稳定的市场，保持源源不断的客源。

2. 重视旅游产品的宣传促销

通过对旅游产品进行全方位的宣传促销，向旅游者传送新的知识和新的信息，有助于改变旅游者的态度。在旅游产品的宣传促销过程中，要注意先进手段和传统方式相结合。

3. 引导人们参加旅游活动

要转变一个人的态度，必须引导他积极参与有关活动。比如，对于一个对体育活动不太积极的人，与其口头劝说，还不如动员他去运动场活动一下。要改变旅游者的态度也是一样，组织一次旅游活动，邀请特定的人来参加，让其亲身体验一下旅游活动所带来的乐趣，他可能会从此改变对旅游活动的态度，从而成为旅游活动的积极分子。

（四）研究旅游心理促使旅游者形成旅游决策

通过上述研究分析可以看出，一个决策的形成是要由人的心理状态和内外部的各种条件多方面因素决定的。

当旅游者决定出行之前，他会对旅游产品进行反复选择，旅游者的内在需要加上外部条件而产生旅游动机，当面对合适的旅游产品时就会产生旅游

兴趣。有了旅游兴趣，旅游者会通过各种途径了解其感兴趣的旅游产品，了解别人对该旅游产品的认识和评价，以此构成他们的旅游态度。根据自己的旅游目标和收集的相关信息，增强并激发起旅游偏好，在恰当的时机到来时促成旅游决策——决定出游。

但是，如果他们根据自己的旅游目标，收集到的相关信息均是会减弱他们旅游偏好的，他们就可能会形成负面的旅游决策——取消出游。这时，我们要根据旅游者的本身需要、兴趣、人格、原来的态度、目标、外界条件等因素，分析可能影响其决定变化的因素，减少或扭转其旅游决策负面影响的形成。

三、研究旅游心理的目的是满足旅游者的心理需要

旅游者的需要一般可以分为两个方面：一是生理方面的，如食、宿、行、游（景区）、购等；二是心理方面的需要，如兴趣爱好、情绪情感以及更深层次上的人性需要等。旅游心理对帮助旅游者构建美好经历和提高旅游产品质量有着极其重要的价值。

随着我国旅游事业的飞速发展，食、宿、行、游、购等硬件方面已经接近甚至赶上了世界发达国家水平。但在旅游产品的设计及其中的无形产品部分（如专题旅游产品所需要的专业知识、文化、专业服务技能）等软件方面，我们依旧与旅游先进国家存在着一定的差距。要缩小这个差距，需要我们认真研究游客的旅游心理。

在旅游产品的设计过程中，要充分考虑旅游者的兴趣爱好、知觉特点、审美习惯，对旅游者喜欢的旅游资源进行开发和利用，才能设计出满足旅游者需要的旅游产品。如对旅游风景区（点）的设计开发首先要考虑是否对旅游者产生吸引力，然后才能考虑其经济价值和社会价值等其他方面；对食宿（酒店、餐馆）的设计，必须充分考虑旅游者要求方便、舒适、恬静的生活环境的心理特点，使旅游者从中得到最大满足；对行（汽车、火车、飞机、轮船等）的设计，必须充分考虑旅游者安全、快速和舒适的心理需要，这是我们必须认真考虑和落实的；对娱乐活动的设计，要根据现代人的生活特点和工作环境，以及当今社会背景下形成的心理上的特点，开发设计那些具有强烈参与性和冒险性的娱乐项目，可达到吸引旅游者的目的；对购物方面的设计，必须符合旅游者的好奇、收藏心理，旅游者到异国他乡都有购买物品和礼品的心理需要，产品设计者要把当地最具特色的物品和礼品，恰当地设计进新产品中，顺势推荐购买才是双赢的好产品设计。

四、研究旅游心理有助于宣传销售旅游产品

旅行社要在激烈的竞争中立于不败之地，需要我们运用旅游心理知识去分析旅游者的心理规律（诸如旅游需要的发展变化趋势），有针对性地开展旅游宣传和旅游招徕活动，吸引旅游者，并依据对旅游者心理变化的特点和趋势分析，及时地调整经营方针和策略。旅游业市场的竞争，是争夺旅游者的竞争，研究旅游心理能帮助旅行社吸引旅游者和改变旅游者的行为变化方向，争取客源，扩大市场占有率。

五、研究旅游心理有助于了解旅行社员工心理变化对旅游产品的影响

旅行社经营的成败取决于它的管理和服务。由于旅游业的特殊性，旅游产品包括有形产品和无形产品两大类。无形产品要靠员工通过与客人交往和交流来完成其生产过程，它的高质量生产只能依赖高素质的员工自觉完成。所以，旅游业界有一个管理口号："没有满意的员工，就没有满意的顾客。"尊重员工、善待员工，充分调动员工的工作积极性，使员工愉快地、主动地、创造性地做好旅游服务，会让旅游者获得超值感受。

第二部分　公共关系对旅行社产品设计与操作的支撑

公共关系（简称"公关"）的目的，就是要同社会建立良好的沟通与联系，将企业自身及其产品的信息传递给公众，以期建立良好的企业形象，让社会公众对企业及其产品有更多的认识，从而建立自身品牌知名度。良好的公共关系使企业能够顺利地进行广告宣传，是有效促进产品销售的前提，更是企业着眼于长远发展战略所必须做好的一项工作。

由于旅游产品的非物质性及其较强的可替代性，旅游者在选择旅游产品时，往往更多的是通过旅行社提供的相关信息以及对该企业、该产品的认同程度，来确定是否购买该产品。而旅行社能提供给旅游者的更多的也是产品的描述性信息。这就使得旅行社在激烈的竞争中，要赢得更大的市场份额，就必须建立良好的公共关系，在公众中树立起良好的企业形象、产品信誉和优质的服务水准，以提高自身的知名度。这样旅游者才会知道、相信并愿意接受该旅行社所提供的旅游产品。

旅游产品不是基本消费，旅游者对旅游产品的需求往往更容易受到宣传的影响。所以建立旅行社同社会公众之间良好的信息沟通渠道，更有利于发掘潜在的旅游市场。在当今众多的旅行社企业相互竞争的环境下，谁能够树

立起独特的品牌，很大程度上要靠企业在建立良好公共关系的活动中脱颖而出。

那么，怎样才能建立良好的公共关系呢？其中应该注意哪些方面的问题？又有哪些策略和技巧呢？首先我们应该弄清楚公关的对象有哪些，为什么要同他们建立联系，应该怎样做他们的公关工作。

一、直接面向潜在消费群体的公关

所谓"直接面向"就是旅行社要直接深入到消费者中去进行宣传。这种公关与做产品广告是有区别的。首先，旅行社并不是直接向目标市场的消费者去推销产品。也就是说，这种公关的对象比广告宣传指向的对象更要广泛得多，是直接面向广大民众的。其次，公关的目的，并不直接指向产品的销售，而是旨在通过宣传扩大旅行社的企业影响、树立旅行社的企业形象、传播产品信息、建立并维护品牌形象。目的是要让消费者知道、了解、信任该旅行社及其所提供的产品，对旅行社和其产品产生良好的印象，并产生对该旅行社的产品优先购买的倾向。如果能达到这些目的，那么旅行社直接面向潜在消费群体的公关任务也就完成了。如参与公益活动、参与社区服务与建设，既能提高旅行社知名度，又能在公众中建立积极、良好的企业形象。

建立有效的、高质量的旅游信息咨询服务和及时反馈消费者信息的完整体系，更有利于消费者对旅行社产生信赖和认同感。同时，一些旅游目的地还可结合当地的文化特色，搞一些主题活动，如举办传统民俗名食品尝活动。旅行社还可以发起一些公益、环保活动，并为一部分积极参与者提供免费或优惠的旅游产品，以鼓励和刺激旅游消费。

直接面向消费者的公关，还包括同固定的消费者团体或机构建立良好的联系。这样可以更多地了解他们的消费需求，同时也可以及时地把各种旅游产品信息传递给他们。例如，旅行社可以同一些大公司建立固定的联系，因为现在很多大公司在奖励员工的时候，通常会为其提供旅游度假的安排。旅行社同他们建立联系，可以随时把各种各样的旅行套餐传递给他们，一方面为他们提供了度假的选择，另一方面又维持了一个较稳定的客户。这种具有潜在旅游需求的消费群体很多，例如社区的老年协会、大中小学的教师和学生等。

二、面向媒体的公关

由于公众消费群体数量庞大、分布面宽，通过媒体向大众传播是一种方便、快捷的公关手段。而且，消费大众也乐意接受媒体的宣传。

1. 新闻报道

各种各样的报纸、杂志、电视、广播、网络、微信公众号，是能够最深入、最广泛地与消费者沟通的中介媒体，可以通过新闻报道来达到传递信息的目的。特别注意，通过新闻报道宣传企业和产品，与直接的广告宣传是不同的。新闻报道传播的主体是传媒，传媒是以第三者身份来向消费者传递旅游信息的，所以，消费者对新闻报道的信任程度往往比对广告的信任度高。并且新闻报道是全方位、较详尽的报道。这样消费者通过新闻报道，对旅行社和旅游产品获得更深入、更全面，也更感性的认识。况且很多新闻报道具有文学感染力，有助于激发消费者对某个旅游产品产生好奇、喜爱和向往的情感，更有利于调动起潜在消费者的旅游消费心理。因此，新闻报道是更具感染力的广告宣传。

要做好旅行社和旅游产品的新闻报道，首先应该同新闻界的专业人士建立良好的关系。旅行社向媒体提供的信息，一方面，要突出自己的特色，尽可能争取达到预期的宣传效果；另一方面，还应该考虑所报道的事件是否具有新闻价值。所以，关于旅游方面的新闻报道通常都是突出产品的新卖点，或是报道有关旅游目的地的逸闻趣事，这样有助于吸引消费者的注意力。如果是对一个旅程或景区的报道，一方面要突出新奇，另一方面还要能带给读者或观众以美的享受。这样才能激发他们的旅游热情。例如，如果是写一篇有关对某个旅游线路观光体验的报道，一定要选用在写游记方面训练有素的专业人士。因为他们往往能用极富感染力的文字表述出一次观光旅游的全部体验，在他们笔下旅游线路被描绘得诗情画意。这样的旅游报道才能引起广告受众的兴趣，才有可能使他们产生亲身体验这个旅游产品的愿望。

2. 新闻发布会

召开新闻发布会，通常是希望通过媒体向公众宣布即将发生的事件。在新闻发布会上，一方面要抓住新产品的卖点和特色向媒体进行介绍，另一方面通过回答记者提问、发送宣传册、播出宣传片等形式加强媒体对发布会的关注程度。

3. 媒体招待会

为了增进旅行社同各媒体机构的联系，进一步协调与媒体的合作关系，很多旅行社会采用媒体招待会的方式，邀请记者、主编、制片人、出版商、旅游达人来参加招待会，向他们展示企业及其产品的情况，表达本企业想要向公众传达的信息，以及希望以什么方式来传达这些信息。媒体招待会比之新闻发布会更能强化企业同传媒之间的互动。举办媒体招待会的旅行社，不仅要单方面向媒介介绍自己的情况，也要了解各媒体的运作模式、了解他们的工作流程。这样将更有利于向他们提供有用的信息，更好地协调两者之间的合作。媒体招待会上，旅行社通常要制作宣传片、印发宣传册等，而有些媒体招待会则直接向媒体提供旅游产品，以强化媒体的直观印象。

4. 主题活动

旅行社举办一些与旅游产品宣传有关的主题活动，以面向潜在消费者宣传自己的产品，同时通过主题活动吸引媒体的注意，让媒体觉得这项活动具有新闻价值值得报道。这样策划主题活动才能真正达到宣传自己品牌、建立良好企业形象的目的。如举行音乐会、特色文化节等。为使活动更能吸引媒体的关注，可以邀请一些名人参加。应该注意，举办这种活动一定要非常谨慎。因为如果在活动的某些环节中产生不良事件，很容易就成为媒体进行负面报道的题材。所以，很多主题活动都会请专业人士来策划。如叶文智策划的"飞越天门山""棋行大地，天下凤凰"就充分调动了媒体的关注，创造了很好的公关效应，起到了立竿见影的效果。

三、面向合作对象的公关

面向合作对象的公关，加强彼此之间的信息和感情的沟通，可以更好的、保质保量的将产品中的特色和卖点进行展示。如很多地接旅行社在旅游淡季会邀请自己合作的组团旅行社、批发商，到旅游目的地进行免费的实地考察，或者在客源地召开旅游推介会，以达到向组团旅行社和批发商推介自己最新开发的旅游产品的目的。

第三部分　中国旅游地理对旅行社产品设计与操作的支撑

旅游产品是指旅行社经营者为满足旅游者在旅游活动中的各种需求而向旅游市场提供的各种物品和服务的总和。它一般由旅游吸引物、旅游设施和旅游服务三部分构成。旅游吸引物是指经开发的自然实体和历史文化实体及其线路所组成的核心吸引物，由于景观体的吸引作用才使旅游者产生旅游动机。旅游资源是加工、生产旅游产品的原材料，因此，旅游资源对旅游产品的开发有着至关重要的作用。

所谓旅游资源是指：凡能吸引旅游者产生旅游动机，并可能被利用来开展旅游活动的各种自然、人文客体或其他因素，都可称为旅游资源。

近年来产业旅游的出现，使得工厂的生产车间，农场的麦田、茶园、果园亦成为旅游吸引物；生态旅游的出现，使得具有原始景观特征的一些自然保护区成为旅游资源；保健意识的增强，使一些药膳房、中药材博物馆成为旅游吸引物；国内、国际经济联系的日益频繁，使得一些交通便利、信息灵通、经济发达的城市设施如展览馆、会议中心、酒店成为发展会展旅游的资源。随着旅游业的发展，旅游资源的范畴几乎到了无所不包的程度。

一、旅游资源的特点

主要表现为区域性特点、观赏性特点、独立性和垄断性特点、文化属性特点、不可再生性特点、整体性特点、时限性特点。

其中时限性特点是指因为时代的变迁，季节的变化，都会对旅游资源的含义、特性、吸引力大小等产生影响或促使其发生变化。另外，气候的季节性变化，可直接对旅游资源产生影响。如冰雪节只能在冬季进行；而草原天路等生态避暑旅游资源，在盛夏才备受青睐。再如藏族每年秋收前举行的"望果节"，傣族的"泼水节"，白族的"三月街"，蒙古族的"那达慕"等，都只能出现在某些特定的时段内。进行旅游产品设计和操作必须注意旅游资源的时限性特点。

二、旅游资源转化为旅游产品的条件与模式

特定空间的旅游资源开发转化为旅游产品，一般需要三个基本条件。

① 应具有一定数量和质量的旅游资源，这是旅游产品形成的基础。

② 形成一定规模的设施接待能力，这是开展旅游业的物质保证。

③ 具有一定的可进入性，这是进行旅游活动的前提。

三、旅游资源与旅游产品特色的塑造

旅游产品的开发应挖掘和发挥旅游资源的独特性，塑造旅游产品的个性与特色。在旅游产品形成过程中，应对区域旅游资源特色进行科学的分析、恰当的评价，判断其在同类资源中的地位和价值，预测其开发为旅游产品后对市场的吸引力和市场需求，以明确其建设方向和重点。如对西安市城市旅游资源及产品特色的把握，应定位于"历史文化古都"，一大批知名的资源点为这一特色塑造提供了基础：保存最完好的古城墙、护城河、钟楼、大雁塔、小雁塔、碑林、大明宫遗址……如果舍弃"古都"这一独特性因素，而将"西部最强市""现代化城市"作为城市旅游形象塑造目标的话，则会使真正的旅游资源优势得不到发挥，产品的市场竞争力受到影响。

四、旅游资源与旅游产品的深度开发

旅游产品开发应发挥旅游资源潜力，满足市场需求。旅游产品的开发目

的是实现其价值，而价值的实现是以市场为条件的。因此，旅游产品的开发必须结合市场来进行。由于旅游资源内涵的广延性、发展性，旅游资源可以顺应旅游市场需求的变化，不断更新和再生其吸引力因素，从而满足旅游产品更新的需要。旅游资源深度开发一般可遵循以下途径：

（1）应充分发挥单一旅游资源的旅游功能，并结合市场需要不断进行再开发。如太湖旅游，既可观览湖光山色，又可登船扬帆，碧波畅游，也可开发出湖岸度假休闲的旅游产品。山地旅游在传统观光项目的基础上，又可开发登山、攀岩、探险等项目。

（2）注重景区多种旅游资源的协调开发，满足旅游需求多样化的需要，增强旅游产品的吸引力。如海南国际旅游岛就是一个观光、休闲、度假、避寒兼备的旅游目的地。进一步发展过程中，开发了实景演出等旅游项目，增强了游客的参与性，丰富了旅游产品的构成，满足了相应的市场需求。

五、旅游资源的类型

（一）《旅游资源分类表》

《旅游资源分类表》由中国科学院地理科学与资源研究所、国家旅游局规划发展与财务司起草。由国家旅游局提出，全国旅游标准化技术委员会归并解释。

中华人民共和国国家标准

表 1　旅游资源分类表

（摘自 GB/T 18972—2018）

主类	亚类	基 本 类 型
A 地文景观	AA 综合自然旅游地	AAA 山丘型旅游地 AAB 谷地型旅游地 AAC 沙砾石地型旅游地 AAD 滩地型旅游地 AAE 奇异自然现象 AAF 自然标志地 AAG 垂直自然地带
	AB 沉积与构造	ABA 断层景观 ABB 褶曲景观 ABC 节理景观 ABD 地层剖面 ABE 钙华与泉华 ABF 矿点矿脉与矿石积聚地 ABG 生物化石点
	AC 地质地貌过程形迹	ACA 凸峰 ACB 独峰 ACC 峰丛 ACD 石（土）林 ACE 奇特与象形山石 ACF 岩壁与岩缝 ACG 峡谷段落 ACH 沟壑地 ACI 丹霞 ACJ 雅丹 ACK 堆石洞 ACL 岩石洞与岩穴 ACM 沙丘地 ACN 岸滩
	AD 自然变动遗迹	ADA 重力堆积体 ADB 泥石流堆积 ADC 地震遗迹 ADD 陷落地 ADE 火山与熔岩 ADF 冰川堆积体 ADG 冰川侵蚀遗迹
	AE 岛礁	AEA 岛区 AEB 岩礁
B 水域风光	BA 河段	BAA 观光游憩河段 BAB 暗河河段 BAC 古河道段落
	BB 天然湖泊与池沼	BBA 观光游憩湖区 BBB 沼泽与湿地 BBC 潭池
	BC 瀑布	BCA 悬瀑 BCB 跌水
	BD 泉	BDA 冷泉 BDB 地热与温泉
	BE 河口与海面	BEA 观光游憩海域 BEB 涌潮现象 BEC 击浪现象
	BF 冰雪地	BFA 冰川观光地 BFB 常年积雪地

续表

主类	亚类	基 本 类 型
C 生物景观	CA 树木	CAA 林地 CAB 丛树 CAC 独树
	CB 草原与草地	CBA 草地 CBB 疏林草地
	CC 花卉地	CCA 草场花卉地 CCB 林间花卉地
	CD 野生动物栖息地	CDA 水生动物栖息地 CDB 陆地动物栖息地 CDC 鸟类栖息地 CDE 蝶类栖息地
D 天象与气候景观	DA 光现象	DAA 日月星辰观察地 DAB 光环现象观察地 DAC 海市蜃楼现象多发地
	DB 天气与气候现象	DBA 云雾多发区 DBB 避暑气候地 DBC 避寒气候地 DBD 极端与特殊气候显示地 DBE 物候景观
E 遗址遗迹	EA 史前人类活动场所	EAA 人类活动遗址 EAB 文化层 EAC 文物散落地 EAD 原始聚落
	EB 社会经济文化活动遗址遗迹	EBA 历史事件发生地 EBB 军事遗址与古战场 EBC 废弃寺庙 EBD 废弃生产地 EBE 交通遗迹 EBF 废城与聚落遗迹 EBG 长城遗迹 EBH 烽燧
F 建筑与设施	FA 综合人文旅游地	FAA 教学科研实验场所 FAB 康体游乐休闲度假地 FAC 宗教与祭祀活动场所 FAD 园林游憩区域 FAE 文化活动场所 FAF 建设工程与生产地 FAG 社会与商贸活动场所 FAH 动物与植物展示地 FAI 军事观光地 FAJ 边境口岸 FAK 景物观赏点
	FB 单体活动场馆	FBA 聚会接待厅堂(室) FBB 祭拜场馆 FBC 展示演示场馆 FBD 体育健身馆场 FBE 歌舞游乐场馆
	FC 景观建筑与附属型建筑	FCA 佛塔 FCB 塔形建筑物 FCC 楼阁 FCD 石窟 FCE 长城段落 FCF 城(堡) FCG 摩崖字画 FCH 碑碣(林) FCI 广场 FCJ 人工洞穴 FCK 建筑小品
	FD 居住地与社区	FDA 传统与乡土建筑 FDB 特色街巷 FDC 特色社区 FDD 名人故居与历史纪念建筑 FDE 书院 FDF 会馆 FDG 特色店铺 FDH 特色市场
	FE 归葬地	FEA 陵区陵园 FEB 墓(群) FEC 悬棺
	FF 交通建筑	FFA 桥 FFB 车站 FFC 港口渡口与码头 FFD 航空港 FFE 栈道
	FG 水工建筑	FGA 水库观光游憩区段 FGB 水井 FGC 运河与渠道段落 FGD 堤坝段落 FGE 灌区 FGF 提水设施
G 旅游商品	GA 地方旅游商品	GAA 菜品饮食 GAB 农林畜产品与制品 GAC 水产品与制品 GAD 中草药材及制品 GAE 传统手工产品与工艺品 GAF 日用工业品 GAG 其他物品
H 人文活动	HA 人事记录	HAA 人物 HAB 事件
	HB 艺术	HBA 文艺团体 HBB 文学艺术作品
	HC 民间习俗	HCA 地方风俗与民间礼仪 HCB 民间节庆 HCC 民间演艺 HCD 民间健身活动与赛事 HCE 宗教活动 HCF 庙会与民间集会 HCG 饮食习俗 HGH 特色服饰
	HD 现代节庆	HDA 旅游节 HDB 文化节 HDC 商贸农事节 HDD 体育节
数量统计		
8 主类	31 亚类	155 基本类型

注：如果发现本分类没有包括的基本类型时，使用者可自行增加。增加的基本类型可归入相应亚类，置于最后，最多可增加 2 个。编号方式为：增加第 1 个基本类型时，该亚类 2 位汉语拼音字母＋Z；增加第 2 个基本类型时，该亚类 2 位汉语拼音字母＋Y。

（二）根据旅游资源管理级别的分类

1. 世界级旅游资源

主要包括被联合国教科文组织批准列入《世界遗产名录》的名胜古迹、世界级地质公园和列入联合国"人与生物圈计划"的自然保护区等旅游资源。

2. 国家级旅游资源

主要包括由国务院审定公布的国家风景名胜区、国家历史文化名城和国家重点文物保护单位，以及国家级自然保护区和国家森林公园。

3. 省级旅游资源

主要包括省级风景名胜区，省级历史文化名城，省级文物保护单位，以及省级自然保护区，省级森林公园，有的省还公布了历史文化名镇。

4. 市（县）级旅游资源

主要包括市（县）级风景名胜区和市（县）级文物保护单位。

（三）按利用方式和效果分类

① 游览鉴赏型（优美自然风光、著名古建筑及园林等）。

② 知识型（文物古迹、博物展览、自然奇观等）。

③ 体验型（民风民俗、节庆活动、宗教仪式等）。

④ 康乐型（度假疗养、康复保健、人造乐园等）。

（四）按旅游动机分类

① 心理方面的（宗教圣地、重大历史事件、探亲等）。

② 精神方面的（科学知识、消遣娱乐、艺术欣赏等）。

③ 健身方面的（沙疗、温泉疗、各项运动等）。

④ 经济方面的（各地土特产等）。

⑤ 政治方面的（国家政体状况、各种法律等）。

（五）按旅游资源动态分类

① 稳定类旅游资源：长久稳定型（宗教圣地、古建筑、山岳、江湖）、相对稳定型（小型造型地貌、瀑布、冰川）。

② 可变类旅游资源：规律变化型（泉水、候鸟、云雾）、不规则变化型（海市蜃楼、现代建筑风貌）。

第四部分　旅游营销对旅行社产品设计与操作的支撑

旅游营销是旅行社产品设计与操作的基础，具有了一定的旅游营销的知识，才能更好地进行旅行社产品设计与操作的学习。以下是同旅行社产品设计与操作密切相关的旅游营销知识。

一、旅游市场营销环境分析

旅游市场营销环境分析就是分析旅游行业市场营销宏观环境和旅游企业市场营销微观环境。其中在旅行社产品设计中起到至关重要作用的是旅游行业市场营销宏观环境分析部分。对于旅行社来说，时刻掌握政策的方向非常重要。但是不少旅行社却忽视时政的分析和把握，很少有旅行社在专门的营销报告中提到外部环境分析这一部分，或者是简单略过，没有人把这方面的内容放在心上。但是实践证明旅行社只有找准了政策的大致方向，才能提前看到将来的市场热点，找准市场热点，并在对将来的市场热点的稳定性和趋势进行分析的基础上，对新的旅游产品进行设计和构思。而对于现在市场竞争非常激烈的旅行社来说，掌握了新产品就等于掌握了市场的主动权，而自己手中的产品也将具有更澎湃的生命力，能够引出一系列的品牌效应，帮助旅行社在激烈的市场竞争中立于不败之地。

二、旅游市场调研分析

进行旅游新产品设计必须掌握旅游市场营销调研的基本方法；能进行问卷调查设计；能对基本数据进行分析处理，并能撰写简单的旅游调研报告。

在旅游产品设计之前最重要的工作就是市场调查，只有在深入细致的市场调查的前提下，产品设计和营销策划才有据可循，也只有这样，才有可能获得成功。市场调查方法有很多种，而且根据不同的市场环境和旅行社本身特点，在操作过程中往往会有所变化，但是作为一个最重要也是最有效的办法——问卷调查法始终被看作制胜的法宝。不同的问卷设计在形式和内容上都有所不同，但是不管哪种类型的问卷，在设计中都必须要注意以下几点。

1. 明确调查目的和内容，这是问卷设计的基础

市场调查的目的是为旅游产品设计提供参考，在问卷设计中，首先要明确调查的目的和内容，这不仅是问卷设计的前提，也是它的基础。为什么要做调查，而调查需要了解什么？根据调查的目的确定调查的内容。

调查的内容可以是涉及民众的意见、观念、习惯、行为和态度的任何问题，可以是抽象的观念，例如人们的理想、信念、价值观和人生观等；也可以是具体的习惯或行为，例如人们接触媒介的习惯、对地域的喜好、购物的习惯和行为等，但是应该避免的是在调查内容上有使被调查人难以回答，或者是需要长久回忆而导致模糊不清的问题，具体来说，调查内容需要包括受

调查人的分群、消费需求（主要有产品、价格、促销和分销）和竞争对手的情况（对手优劣势和诉求策略）。

2. 根据受调查人群设计问卷题目和语言

问卷题目设计必须有针对性，对于不同层次的人群，应该在题目的选择上有的放矢，必须充分考虑受调查人群的文化水平、年龄层次和协调合作可能性，除了在题目的难度和题目性质的选择上应该考虑上述因素外，在语言措辞上同样需要注意这点，因为在面对不同的受调查人群的时候，由于他们各方面的综合素质和水平的差异，措辞上也应该进行相应的调整。比如面对家庭主妇做的调查，语言就必须通俗易懂，而对于文化水平较高的城市白领，在题目和语言的选择上就可以提高一定的层次。只有在这样的细节上综合考虑，调查才能够顺利进行。

3. 在设计问卷时，应考虑到数据的统计和分析

在问卷调查中往往被忽视的一个问题就是数据的统计和分析，因为这两个环节的工作基本上是人员分离的，所以在整合和衔接上就容易出现偏差，为了更好地进行调查工作，除了在正确清楚的目的指导下科学设计题目和语言，还必须在问卷设计的时候就充分考虑后续的数据统计和分析工作。具体来说包括题目的设计必须是容易录入的，并且可以进行具体的数据分析，即使是主观性的题目在进行文本规范的时候也要具有很强的总结性，这样才能使整个环节更好地衔接起来。而且在问卷设计的同时，每一个问题需要有前后问题的铺垫或延续，这样才能清楚地看出被调查人群的需求。

三、旅游目标市场分析

进行新产品设计要对旅游市场进行细分，要选择准确的旅游目标市场，掌握市场定位的方法、策略。其中最重要的部分是旅游目标市场的选择。对于旅行社来说，知道选择哪一个市场，才能做到针对这个市场进行后续的产品设计等一系列工作，并积极稳妥地占据或保持这一部分市场。但是现在的旅行社所面临的现状却是市场上在重复着同质的产品，对于目标市场的选择和分析并没有下大力气，无论哪个旅行社所做的产品都大同小异或者完全相同，导致消费者在选择旅游产品时除了考虑自己的出游时间就是考虑产品的报价，这就形成了恶性竞争。如果旅行社能够做好目标市场分析，那么所面临的局面就将好很多，不同规模的旅行社会有不同的目标市场，所呈现在消费者眼前的产品也将更加丰富多彩。

四、旅游产品策划

对于新产品设计而言，一般可以针对产品的不同阶段和不同形态进行设

计，如针对特定旅游产品进行基础策划、对不同旅游产品的品牌化策划、对原有旅游产品进行重新组合和包装等。遵守"产品生命周期"理论进行旅游新产品开发、品牌包装设计，最终能够做到就各阶段情况进行营销策略设计。对于旅游产品设计来说最重要的是实施产品开发和品牌化策划。当前旅行社格局模糊不清，市场竞争激烈，并且低于成本的产品也屡见不鲜，如何在激烈竞争的市场中占据一席之地，除了需要对产品进行设计之外，还需要对产品进行品牌化的包装，只有这样才能比较出本旅行社的产品同其他旅行社的产品的不同，才能让本旅行社的产品给当前的旅游者和潜在的消费者留下深刻印象，进而让旅游者认同本旅行社的产品，同时也能在一定程度上避免新产品开发之后很快就陷入同质竞争的恶性循环局面。

五、旅游促销策划

对于新产品而言，旅游促销策划就是为特定旅行社的旅游产品作单项促销策划方案、为特定旅行社的旅游产品作综合促销策划方案。掌握产品促销的方法，并能灵活组合进行旅游产品促销策略设计，组织实施促销活动，对于旅行社来说，仅仅做出了产品设计是不够的，还必须将新设计出的产品用一种或几种方式告诉消费者，让消费者了解这个新产品之后才能为旅行社创造出效益。所以对于旅行社来说，如何选择促销方式将新设计出的产品向消费者传达并巧妙地打动消费者，引导他们具有新的旅游需求就变得非常重要。

（一）广告促销

1. 确定广告宣传的对象

广告宣传的对象往往就是产品所针对的目标消费群。在进行广告宣传之前，首先要明白这个广告是做给谁看的。

2. 选择适当的广告媒体

旅行社应根据所要宣传的产品特点及接受宣传的消费群体的特点，以及所做的广告预算来选择适当的广告载体。常见的广告媒体有如下几种。

① 报纸和杂志。

② 广播和电视。

③ 户外广告。

④ 其他音像制品及印刷品广告。

⑤ 旅行社网站。

⑥ 微信公众号。

⑦ 携程、途牛、去哪儿、马蜂窝等旅游网站。

3. 制作具体的广告内容

在广告的设计中，如何成功地实现"无形产品有形化"是非常重要的。广告是否能达到预期的效果，具体广告内容的制作是关键。

（1）广告词设计的宗旨是给旅游者留下深刻的印象：告知游客有关产品的独特性、新位置或改进后的服务；确立、强化或改变旅游者对产品、目的地或旅游公司的态度；符合消费者的需求心理，可通过对需要旅游产品和服务的潜在顾客提供奖励的方法，寻求旅游者的响应；激励消费者的购买欲望，引导旅游者尝试新产品。

（2）广告词设计的指导原则：保证广告词清楚、易懂、简练；确保清楚地描述旅游产品所能带来的利益；唤起旅游者明确的消费欲望；使用最新的旅游产品资讯；使用高质量的图片和语言艺术；了解法律约束对广告的影响，不能发布欺骗消费者的虚假广告。

（二）销售促进

1. 针对消费者的销售促进

针对消费者的销售促进原则是：让消费者感受到在各种各样的旅游产品中，促销的产品能给他们带来实惠及利益；以及该旅游产品能给他们带来的独特旅游体验。销售的具体方式大致有以下几种。

① 信息咨询服务促销。

② 降价和折扣促销。

③ 有奖促销。

④ 节庆日促销。

2. 针对中间商的销售促进

① 举办展销会。

② 奖励销售。

③ 帮助中间商做好对消费者的促销工作。

（三）人员促销

人员促销的特点是有很强的针对性、灵活性、有良好的信息沟通。

人员促销的目标类型，一种是针对上门来购买产品或要求咨询的消费者进行推销；另一种则是要事先收集很多的客户信息，然后促销人员走出去进行上门推销。为了准确地把握客户的需求，可以通过有技巧的提问，准确地识别消费者。人员促销经常使用的六个问题。

① 您喜欢到什么地方去旅游？（目的地）

② 您准备什么时间去旅游？（出游时间）

③ 您为什么去那里旅游？（客户需求、可获得的利益、旅游体验等）

④ 您准备去那儿旅游多长时间？（持续时间）

⑤ 这一次旅游的人数是多少？（人数、团队规模）

⑥ 您期望得到什么规格、水平的服务？（价格、价值、客户期望）

在销售过程中，销售人员希望得到上述六个问题的答案，但在与客户沟通过程中，要注意适当的方式和方法。在具体沟通过程中，可以采用开放式提问的方法。如"您对上一次假期出游的印象如何？""过去都是谁为您安排商务旅行？"等。有时为了得到有针对性的确切信息，可以采用限制性提问方式，如"您计划在周末动身还是平日动身？"

一般情况下，销售人员都把预算问题放到最后提问，因为消费者对产品和服务感到满意之后，再谈价格和预算问题，能较准确获得客户的出游需求。

第五部分　《旅游法》和相关法规对旅行社产品设计与操作的支撑

旅游产品的设计应该符合我国有关法律法规的要求，不得与有关法律法规的内容相抵触。自 2013 年 10 月 1 日起施行的《中华人民共和国旅游法》（以下简称《旅游法》）第九条规定："旅游者有权自主选择旅游产品和服务，有权拒绝旅游经营者的强制交易行为。旅游者有权知悉其购买的旅游产品和服务的真实情况。旅游者有权要求旅游经营者按照约定提供产品和服务。"第三十二条规定："旅行社为招徕、组织旅游者发布信息，必须真实、准确，不得进行虚假宣传，误导旅游者。"第三十三条规定："旅行社及其从业人员组织、接待旅游者，不得安排参观或者参与违反我国法律、法规和社会公德的项目或者活动。"

一、在旅游产品描述中应该注意的问题

《旅游法》第三十四条规定："旅行社组织旅游活动应当向合格的供应商订购产品和服务。"意思是说旅行社要与有相应资质、经营许可的商家签订合同。如包车、住宿、食品等。第五十条规定："旅游经营者应当保证其提供的商品和服务符合保障人身、财产安全的要求。旅游经营者取得相关质量标准等级的，其设施和服务不得低于相应标准；未取得质量标准等级的，不

得使用相关质量等级的称谓和标识。"因此,在旅游新产品设计过程中一定要注意以下问题。

(1)不允许出现"车游、车观、远观"之类的词语,此种景点不能算做旅游景点。

(2)含进行程中的景点(包括免费的)都必须写上游览的时间(几小时)。

(3)自费景点不写入行程中,另起一行或一项,写清楚自费的名称、项目、价格及游览时间。

(4)另起一行或一项目,写上本次行程自由活动的时间和次数。

(5)每条行程都要写明出发地、途经地、目的地。

(6)住宿:不能写"准、同等级"等字样,一律以下列为标准。

准二——经济型酒店(标间);挂二——挂牌二星酒店;

准三——高级酒店(标间);挂三——挂牌三星酒店;

准四——豪华酒店(标间);挂四——挂牌四星酒店;

准五——超豪华酒店(标间);挂五——挂牌五星酒店。

(7)餐:写清楚全部行程下来含几早几正;早餐_____元/人/餐,正餐_____元/人/餐。

二、在业务委托中应该注意的法律问题

《旅游法》第七十四条规定:"旅行社接受旅游者的委托,为其代订交通、住宿、餐饮、游览、娱乐等旅游服务,收取代办费用的,应当亲自处理委托事务。因旅行社的过错给旅游者造成损失的,旅行社应当承担赔偿责任。旅行社接受旅游者的委托,为其提供旅游行程设计、旅游信息咨询等服务的,应当保证设计合理、可行,信息及时、准确。"

在旅行社产品的设计中,旅行社委托业务不可避免,组团旅行社将接待旅游者的业务委托给地接旅行社,是旅行社行业的普遍做法。但有不少旅游者反映,一些旅行社为了节约委托费用而把接待业务委托给没有相应接待条件的地接旅行社,致使旅游者不能享受到约定水平的接待服务。针对上述问题,《旅游法》规定,"组团旅行社需要将接待服务委托给其他旅行社的,必须征得旅游者的同意。在进行委托时,应当选择具有相应资质的旅行社,并与地接旅行社就接待旅游者的事宜签订委托合同,明确接待旅游者的各项服务安排及其标准,约定委托双方的权利、义务。为了减少争议、明确责任，保护旅游者合法权益"。同时《旅游法》还规定，"接受委托的旅行社违约，造成旅游者合法权益受到损害的，作出委托的旅行社应当承担相应的赔偿责任。作出委托的旅行社赔偿后，可以向接受委托的旅行社追偿。但是，接受委托的旅行社因故意或者重大过失造成旅游者合法权益损害的，应当与作出委托的旅行社一同对旅游者承担连带责任"。这些规定为进行产品设计时出现的委托业务进行了相应的限制，设计产品时必须符合这些规定。

三、在旅游安全方面应该注意的法律问题

旅行游览过程中，安全问题一直是头等大事，旅游安全是旅游业的生命线。旅行社在设计产品时，首先要对游览项目的安全标准有一个评估，其次在进行产品设计时一定要注意旅行社责任保险和旅游意外保险的购买。旅行社责任保险属于强制保险，购买的义务人是旅行社，旅游意外险的购买义务人是旅游者，对此《旅游法》规定，旅行社可以提示旅游者购买旅游意外险。因此旅行社在产品的报价里要加上旅行社责任保险的费用。

四、关于旅游购物的法律规定

《旅游法》第三十五条规定："旅行社不得以不合理的低价组织旅游活动，诱骗旅游者，并通过安排购物或者另行付费旅游项目获取回扣等不正当利益。旅行社组织、接待旅游者，不得指定具体购物场所，不得安排另行付费旅游项目。但是，经双方协商一致或者旅游者要求，且不影响其他旅游者行程安排的除外。"

本款禁止指定的仅是"购物场所"，因此，指定餐馆、酒店是可以的，也方便统一管理。发生违反此款规定情形的，旅游者有权在旅游行程结束后三十日内，要求旅行社为其办理退货并先行垫付退货货款，或者退还另行付费旅游项目的费用。

在实际旅游过程中，吃住行游购娱是不可或缺的六要素，游客往往要求旅行社推荐一些特色购物店。所以，在设计新产品时必须考虑到游客的购物需求，选择诚信经营的当地特色商店作为游客购物的备选商店，做到有备无患，既能满足游客需求又能为旅行社赢得一些合理合法的利润。

第六部分　旅行社财会管理对新产品设计与操作的支撑

对于旅行社而言，有稳定的营业收入和利润，是企业持续发展的保证。而且稳定的盈利对一个企业的长远发展是至关重要的。如果一家旅行社可以持续不断地进行新产品的开发设计，而新产品的售价既在旅游者心理预期接受范围内，又给旅行社留出了预期的利润空间，那么这些新产品就可以保证旅行社有稳定的营业收入和利润。然而开发设计新产品也必须有资金的支持，没有一定基础资金，很难开发设计出独具特色、独领鳌头的新产品。要满足这些要求，旅行社的产品设计者和经营管理者都应能读懂财务报表，并通过财务报表及时了解旅行社的经营活动、资金变化等财务状况，及时调整战略决策，充分认识资金运动的规律加强资金管理，以指导经营活动的开展。

一、与旅行社有关的财会管理规定

相对大型企业而言，大多数旅行社规模小、固定资产少、员工数量较少，并且经济业务特殊、相对简单。根据国家有关规定，中国旅行社行业的小企业的划分标准是：凡旅行社的从业人员在 100 人以下，年营业收入在 1000 万元以下，在中华人民共和国境内不对外筹集资金的国际、国内旅行社均属于《小企业会计准则》适用范围。针对旅行社自身业务特点，《小企业会计准则》简化了会计核算方法，以税收为导向，提高旅行社的财务会计管理水平。

二、旅行社使用的财务报表

1. 资产负债表

资产负债表是旅行社要编制的第一张会计报表，它提供的经济信息主要有：旅行社一定日期全部资产负债和所有者权益的情况。旅行社所掌握的经济资源以及这些资源的分布和结构；旅行社资金的来源构成；旅行社的筹资能力、短期偿债能力和支付能力。

资产负债表

会小企 01 表

编制单位：　　　　　　　　　　　　　　　　　　　　　年　　月　　日　　单位：元

资　　产	行次	年初数	期末数	负债和所有者权益 （或股东权益）	行次	年初数	期末数
流动资产：				流动负债：			
货币资金	1			短期借款	68		
短期投资	2			应付票据	69		
应收票据	3			应付账款	70		
应收股息	4			应付工资	72		
应收账款	6			应付福利费	73		
其他应收款	7			应付利润	74		
存货	10			应交税金	76		
待摊费用	11			其他应交款	80		
一年内到期的 长期债权投资	21			其他应付款	81		
其他流动资产	24			预提费用	82		
流动资产合计	31			一年内到期的 长期负债	86		
长期投资：				其他流动负债	90		
长期股权投资	32			流动负债合计	100		
长期债权投资	34			长期负债：			
长期投资合计	38			长期借款	101		
固定资产：				长期应付款	103		
固定资产原价	39			其他长期负债	106		
减：累计折旧	40				108		
固定资产净值	40			长期负债合计	110		
工程物资	44						
在建工程	45			负债合计	114		
固定资产清理	46			所有者权益 （或股东权益）：			
固定资产合计	50			实收资本	115		
无形资产及其他资产：				资本公积	120		
无形资产	51			盈余公积	121		
长期待摊费用	52			其中：法定公益金	122		
其他长期资产	53			未分配利润	123		
无形资产及其他资产合计	60			所有者权益 （或股东权益）合计	124		
资产总计	67			负债和所有者权益 （或股东权益）总计	135		

2. 利润表

利润表也称收益表或损益表,是旅行社最重要的会计报表。利润表提供的会计信息能让经营管理者知道旅行社一定时期经营业绩的好坏;对比不同时期的利润表,可以了解旅行社哪些费用增加得过快需要加以控制;预测旅行社未来的获利能力和投入资金获取报酬的能力。

利 润 表

会小企 02 表

编制单位: 年 月 日 单位:元

项 目	行次	本月数	本年累计数
一、主营业务收入	1		
减:主营业务成本	4		
主营业务税金及附加	5		
二、主营业务利润(亏损以"-"号填列)	10		
加:其他业务利润(亏损以"-"号填列)	11		
减:营业费用	14		
管理费用	15		
财务费用	16		
三、营业利润(亏损以"-"号填列)	18		
加:投资收益(损失以"-"号填列)	19		
营业外收入	23		
减:营业外支出	25		
四、利润总额(亏损总额以"-"号填列)	27		
减:所得税	28		
五、净利润(净亏损以"-"号填列)	30		

3. 现金流量表

现金流量表反映旅行社一定会计时期内有关现金和现金等价物的流入和流出的数量。其中的现金是指旅行社库存现金以及可以随时用于支付的存款和其他货币资金。

现金流量表

会小企 03 表

编制单位： 年 月 日 单位：元

项 目	行次	上年数	本年数
一、经营活动产生的现金流量			
提供劳务、销售商品收到的现金	1		
收到的其他与经营活动有关的现金	8		
现金流入小计	9		
购买商品、接受劳务支付的现金	10		
支付给职工以及为职工支付的现金	12		
支付的各项税费	13		
支付的其他与经营活动有关的现金	18		
现金流出小计	20		
经营活动产生的现金流量净额	21		
二、投资活动产生的现金流量			
收回投资所收到的现金	22		
取得投资收益所收到的现金	23		
处置固定资产、无形资产和其他长期资产所收回的现金净额	25		
收到的其他与投资活动有关的现金	28		
现金流入小计	29		
购建固定资产、无形资产和其他长期资产所支付的现金	30		
投资所支付的现金	31		
支付的其他与投资活动有关的现金	35		
现金流出小计	36		
投资活动产生的现金流量净额	37		
三、筹资活动产生的现金流量			
吸收投资所收到的现金	38		
借款所收到的现金	40		
收到的其他与筹资活动有关的现金	43		
现金流入小计	44		
偿还债务所支付的现金	45		
分配股利、利润或偿付利息所支付的现金	46		
支付的其他与筹资活动有关的现金	52		
现金流出小计	53		
筹资活动产生的现金流量净额	54		
四、汇率变动对现金的影响	55		
五、现金及现金等价物净增加额	56		

三、旅行社要重视会计科目的变化

旅行社会计科目的使用要结合本行业的特点进行运用。删减、增设和内容变化较大的会计科目有如下。

1. 应删减的会计科目

① "在途物资"科目；

② "材料"科目；

③ "商品进销差价"科目；

④ "委托加工物资"科目；

⑤ "委托代销商品"科目；

⑥ "应交税金——应交增值税

　　　　　　——未交增值税

　　　　　　——应交消费税

　　　　　　——应交资源税"科目；

⑦ "生产成本"科目；

⑧ "制造费用"科目。

2. 应增设的会计科目

① "预付账款"科目；

② "预收账款"科目；

③ "存出保证金"科目。

3. 内容变化较大的会计科目

① "主营业务收入"科目；

② "其他业务收入"科目；

③ "主营业务成本"科目；

④ "其他业务支出"科目；

⑤ "营业费用"科目。

在调整会计科目的同时，根据《财政部　国家税务总局关于营业税若干政策问题的通知》（财税［2003］16 号）中关于旅行社应纳营业税额问题，第十七条规定："旅游企业组织旅游团在中国境内旅游的，以收取的全部旅游费减去替旅游者支付给其他单位的房费、餐费、交通、门票或支付给其他接团旅游企业的旅游费后的余额为营业额。""旅行社组织旅客在境内旅游，改由其他旅行社接团的，以及旅行社组织旅游团到我国境外旅游，在境外改由其他旅行社接团的，以全程旅游费减去付该接团旅行社的旅游费后的余额为营业额。"纳税计算公式为：

$$应纳税额＝营业额×营业税税率$$

旅行社营业税的适用税率为 5%。

该规定更加明确了旅行社与一般企业的特殊性，减少纳税范围确保其应得利润，可促进旅行社健康发展。

四、旅行社流动资金的特殊性与控制

1. 旅行社流动资金的特殊性

由于旅行社经营特点的特殊性，流动资金的表现形式也不同于旅游业内部其他类企业。旅行社没有物资的储存，也没有生产过程，因此旅行社的流动资金除了少部分表现为费用和工资外，绝大部分是货币资金，即旅行社的流动资金表现为银行存款和结算资金。

由于旅行社的经营业务活动主要是组团和接团。接团旅行社唯一的收入来源就是组团旅行社的结算拨款。如果组团旅行社不能及时与接团旅行社结算，接团旅行社只得占用计划外的结算资金，从而影响资金的正常周转。

2. 旅行社结算资金（流动资金）的控制

任何从事经营业务活动的企业都存在资金的结算行为，而且在结算过程中都占用一定数量的资金，即结算资金。旅行社结算资金在流动资金总额中所占比重远远超过其他企业，其原因是旅行社的营业额大，营业周期短，储备物品又不多。因此大量资金都以结算资金的形式尤为突出地表现出来。因此旅行社加强结算资金控制管理就尤为重要。为了达到及时清算减少结算过程中的资金占用，旅行社可以设专职清算人员负责结算工作，按照需要逐笔进行核算。

五、旅行社的成本管理与分析控制

对于旅游产品策划与运行来说，成本费用的核算要明确产品的成本构成以及直接的拨付支出和服务支出；同时由于成本费用结算期的问题，根据权责发生制原则和配比发生制原则，能够做到成本的预提结转和事后调整。

1. 旅行社的成本管理

旅行社的经营活动分为组团和接团，分析旅行社成本、费用时应分别分析组团和接团的成本和费用。

（1）组团成本费用的构成及其分析　组团社经营组团业务的支出，分两大部分：一部分是向接团社拨付的接待旅行团的费用；另一部分是组团社为开展组团活动所支付的人员工资和各项办公费用。拨付给接团社的费用，就

是组团社的成本。组团社拨付的支出包含两个内容：一个是综合服务费，另一个是加项支出。

（2）接团成本费用的构成及其分析　接团社接团成本一部分为代旅游客人支付的房费、餐费、车费和杂费，另一部分是旅行社经营接团业务发生的营业费用和管理费用等。

2. 旅行社的成本分析控制

根据成本费用总额的计算公式，可以分析出分析期内导致总额变化的原因。但总额的变化还不是旅行社经营管理者分析所要达到的目的，因为他们更希望了解为客人支付的房费、餐费、车费、杂费增减变化的原因。

（1）分析组团成本费用时，可以分析成本费用总额、人数、单位费用变化给成本费用带来的影响。但这种分析还不足以说明变化的原因，最好的分析方法是分别比较人均日综合服务费拨款金额和人均交通费金额，以计算出人天单位成本及其构成，然后再与计划进行比较。例如用综合服务费的标准数与实际支付数进行比较以发现高低，然后再进一步分析原因。由于旅游路线不同，支付标准不同，为了便于考核，应该分不同的旅游路线组织核算。

（2）接团旅行社对接团成本的分析，除了要分析成本总额的变化原因外，还要分析各项费用变化的原因。例如房费支出的总额是受客人数量、停留天数、客房租金三个因素的影响，通过对这些因素的分析，可以掌握人数、房费标准和住宿天数变化给房费总额变化造成的影响。为了证实支出是否合理，必须把日人均房费支出与同等级的综合服务费中房费的拨款标准进行比较，这样不仅可以了解接团活动的经济效果，还可以作为修改综合服务费的依据。

成本中的餐费、杂费支出均可依据此方法进行分析比较。

（3）成本控制的几个方面　一是要严格控制管理费用的支出，管理费用与营业费用之比以 2∶1 为佳。二是因为旅行社自身固定资产少，生产资料除了办公场地和相应的交通工具外，旅行社是靠提供旅游服务取得收入。在旅行社的费用中，折旧只占很少，主要是工资、福利等以及接待费和宣传费用。折旧、工资、福利等是固定费用，与组、接团多少关系不大。而接待费和宣传费的变化会直接影响成本的变化。那么扩大营业收入就可减少相对固定费用，加强计划管理可减少损失，调整非生产人员和二线管理人员及充实扩大一线导游员、计调人员、营销人员可避免劳动力浪费，提高清算率可降低呆坏账的发生以提高结算资金的效益。

六、财务分析

财务分析是利用财务报表所提供的数据资料及其他有关资料，根据分析的目的和要求，选择适当的财务分析方法，对旅行社一定时期的财务状况和经营成果进行分析。财务分析的内容包括资金分析、成本费用分析和盈利分析等。通过财务分析，一方面，可以检查旅行社计划的完成情况，确定各个具体因素对旅行社财务成果的影响程度；另一方面，可以总结经验，发现问题，分析原因，提出改进措施。

七、旅行社实行单团核算和单团管理的必要性

1. 分类管理利于考核组团旅行社的成本

组团旅行社的组团报价是按旅游产品的路线报出，不同路线有不同的价格：旅游热线收费标准高一些，旅游冷线要低一些。因此组团旅行社应按产品路线核算成本，分别计算每一条路线的成本水平，分析其中的变化；同时，也可以在不同路线之间进行比较，从中发现问题，找出规律，为降低成本开辟途径。

2. 单团管理利于提高接团旅行社盈利

接团旅行社与组团旅行社不同。接团旅行社的工作量以接待的旅行团为单位，即为多个旅行团派出陪同，安排食宿，租用交通工具，为游客提供参观游览服务。不管旅行团队有多少人，旅行社为其投入的劳动都是相同的，因此以旅行团为单位实行单团核算是旅行社加强管理的一项重要措施，其必要性表现在以下几个方面。

（1）有利于考核每个团队的经济效益 接待旅行团的收入是接团社唯一的经济收入。为旅行团提供服务而取得的劳务费是接团社的一切支出和盈利的唯一来源。在实际工作中每个旅行团可能提供的利润并非完全一致，有的多一些，有的少一些。至于为什么有的会多，有的会少，是出于偶然的原因呢？还是有什么规律性的因素？为了提高企业的盈利又应该采取什么措施呢？这些都必须在对每个旅行团的收入和支出进行分析后，才能有明确的答案。由此可见，为了加强对接团社的管理，提高旅行社接团的经济效益，必须实行单团核算，单团管理。

（2）有利于实行责、权、利三结合，降低接待成本 一个旅行团是旅行社的营业活动单位，有单独的收入和支出；而旅行团的活动是受某一个接待部门的安排，这个团的活动是否正常，日程安排是否合理，服务是否符合要求，游客是否满意，都与这个部门有直接的联系。实行单团核算，就有可能

对各个团的收入和支出作对比，可以在部与部之间、团与团之间进行比较，从中发现增加收入、降低成本、提高服务质量的经验和教训。同时也便于对每个部门的工作进行考核，可以把每个团的费用支出和得到的服务与当事人的报酬联系起来，从而进一步促进服务质量的改进和接待成本的降低。

（3）有利于各项费用的清算和考核　旅行社实行分团队管理和核算，把每个团队的各项支出分别列出，并与旅行团活动日程表核对，会发现费用清算不及时、计收房费时间不准、就餐人数不符等易被忽略的弊病，就可以及时解决这些可能发生的重复、多付和其他有关问题。

3. 单团核算和单团管理有利于为新产品试销查找问题

实行单团核算和单团管理有利于检验新产品开发方向的正确性，当某一新产品面市试销，采用单团核算和单团管理可分析出该产品现处在热线与冷线的哪一段；新产品在市场受欢迎的程度；可以正确计算出新产品的盈亏情况；可以分析出问题发生在哪些方面，旅行社设计者和经营管理者就可以根据这些分析来修改、完善新产品。对于旅游产品策划与运行来说，一是能够对旅游产品设计及运行过程中的成本费用进行全程的事前、事中和事后的控制，其二是能够正确区分旅游产品设计中的固定成本和变动成本，并能够运用成本、业务量和利润之间的关系，正确计算出旅游产品的盈亏临界点的销售量和销售额，以及既定目标利润下的销售量和销售额。

总之，单团核算、单团管理是旅行社财务管理非常必要和重要的经营管理方法之一。

模块二　旅游新产品设计的准备

旅游新产品设计是旅行社非常重要的一项工作，应该由旅行社经理、设计人员、营销人员、计调人员等共同完成。在进行新产品设计之前，设计人员必须明确旅游产品的概念、特点、分类，了解旅游产品设计的内容、要求、方法和原则，旅游产品定价的方法等相关知识。

任务一　掌握旅游产品的特点及分类

任务要求

1. 由 6~8 位同学组成一个旅游产品设计小组，按照任务要求逐步完成旅游产品设计和操作的任务。

2. 讨论旅游产品与旅游线路之间的区别。

相关分析

一、旅游产品的概念

旅游产品是一个整体概念，是由一系列单项产品和服务有机组合而成的综合产品。从旅游经营者的角度来说，旅游产品是旅游经营者借助一定的旅游资源和旅游设施，为旅游者提供满足其在旅游过程中综合需要的服务。从需求者的角度来说，旅游产品就是旅游者在一次旅游活动中所消费的全部产品和服务的总和。旅游企业在旅游产品生产和销售过程中实现了盈利的目的，旅游者通过对旅游产品的购买和消费，得到了心理上和精神上的满足。为了区别于酒店、景区等其他旅游企业的产品，本书所指的旅游产品专指旅行社"生产"的旅游产品。

有人片面地认为"旅游产品就是旅游线路，旅游线路就是旅游产品"。这种观点是以偏概全，二者的关系是：旅游产品中包含着旅游线路，旅游线路是旅游产品中非常重要的一部分。通俗点讲就是：旅游产品就像一台完整的机器，而旅游线路是这台机器上的一个非常重要的部件。如果我们站在旅游线路的高度去设计旅游产品，那么这个旅游产品（实际只是一条旅游路线）是缺乏市场宽度的，很难开发、挖掘出潜在的旅游消费人群。然而，站在旅游产品的高度去策划、设计一个旅游新产品，遵照策划和设计要素而"生产"出来的旅游新产品，不但能适应当前旅游消费者的购买欲望，更重要的是可以挖掘出潜在的旅游消费人群，从而促使旅行社经营更健康稳定的发展。

二、旅游产品的特点

旅游产品是一种以服务为主的综合产品，与一般的物质产品存在着很大的差别。一般的物质产品生产独立于产品消费之外，而旅游产品的生产，只有与消费过程相结合，完成对消费者的服务以后，才能完成生产过程。因此，旅游产品除具有一般服务产品的共同特性外，还有自己独特的产品特点。

1. 综合性

综合性特征由旅游活动的综合性所决定，是旅游产品的最基本特征。这种特征主要体现在以下几个方面。

（1）产品内容的综合性　表现为它是由多种旅游吸引物、交通设施、娱乐场地，以及多项服务组成的混合性产品，即满足人们在旅游活动中对住、食、行、游、购、娱各方面需要的综合性产品；由多个单项旅游服务项目共同构成的产品。

（2）产品生产的综合性　构成旅游产品的各个单项服务内容，都是由不同旅游企业和相关企业、部门所生产的。它表现在旅游产品所涉及的部门和行业很多，其中有直接向旅游者提供产品和服务的部门和行业，也有间接向旅游者提供产品和服务的部门和行业。

2. 易受影响性

旅游产品的易受影响性又称脆弱性，是从旅游产品的综合性特征所派生出来的。旅游产品的易受影响性的直接成因是旅游产品的综合性。因为在旅行社提供旅游产品和旅游者旅游实现的过程中，涉及众多的部门和众多的因素。这些部门和因素中任意一个部门和因素发生变化，都会直接或间接地影响到旅游产品生产和消费的顺利实现。此外，旅游产品的易受影响性还表现在旅游活动涉及人与自然、人与社会和人与人之间的诸多关系。因此诸如战争、政治动乱、国际关系、政府政策、经济状况、汇率变化、贸易关系以及血缘文化等经济、社会、政治、文化等因素的变化，都会引起旅游需求的变化，并由此影响旅游产品的生产与消费。

3. 预约性

（1）预约性是区别旅行社的旅游产品和许多其他旅游企业生产的产品和服务的重要标志之一。

（2）所有的旅行社的旅游产品都必须提前预订，即旅游者或者旅游中间商必须事先同旅行社签订旅游合同或者旅游协议。

（3）旅行社按照已经签订的旅游合同或者旅游协议上的要求，向相关的旅游企业或部门预约所需的各种单项旅游服务项目。

（4）旅行社的旅游产品的预约性特征给旅行社的经营带来了很大的便利和利益。因此，旅行社的旅游产品生产能够做到真正的"以销定产"。由于旅行社的旅游产品生产的预约性特征，使旅行社能够在收到产品生产合同，即与旅游者或者旅游中间商签订旅游协议后，才开始采购"生产"旅游产品的各种"原材料"，并且能够将"生产"出来的旅游产品全部销售出去。旅行社的旅游产品的预约性特征能够使旅行社既减少资金的占用时间和数量，又避免许多其他企业所必须承受的因产品滞销所造成的资源浪费。

4. 高接触性

（1）高接触性是指绝大多数旅游者都自始至终参与旅行社提供的旅游服务的全过程，从而与旅行社及其相关人员保持着较高程度的接触。

（2）旅行社的旅游产品的高接触性，使得旅行社能够更及时地获得旅游者对旅游产品需求和感受程度的准确信息。

三、旅游产品的分类

根据不同的标准，旅游产品可以分成不同的种类。根据旅游的目的分类，我国旅游产品分为观光旅游产品、度假旅游产品、康体休闲旅游产品、商务旅游产品、文化类旅游产品、专项旅游产品、享受型旅游产品七大类。

按照旅游者的组织形式可以分为团体旅游产品和散客旅游产品；按照产品组成状况可以分为全包价旅游产品、部分包价旅游产品和单项旅游服务产品；按照产品的档次等级可以分为豪华等旅游产品、标准等旅游产品和经济等旅游产品。

旅游产品是市场的产物，也随着市场的发展不断变化。

（一）按照旅游目的进行的旅游产品分类

旅游产品分类方案

1　观光旅游产品
1.1　自然观光产品
1.1.1　地表类观光产品（名山、洞穴、峡谷、沙漠、岛屿等）
1.1.2　水域类观光产品（大川、湖泊、温泉、喷泉、瀑布、海滨等）
1.1.3　生物类观光产品（森林、草原、野生动物等）
1.2　人文观光产品
1.2.1　历史遗迹产品（古典园林、寺庙、宫殿、古城、古民居、其他古建筑等）
1.2.2　现代观光产品［革命纪念地、城市风光、各类场馆、社会活动场所、观光工业（企业及企业产品）、大型工程等］
1.2.3　人造景观产品［微缩景观、仿古村落、主体公园、外国城（村）、野生动物园、水族馆等］
1.2.4　观光农园
2　度假旅游产品
2.1　海滨度假旅游产品（度假地）
2.2　乡村度假旅游产品（度假地）
2.3　森林度假旅游产品（度假地）
2.4　野营度假旅游产品（度假地）
2.5　城市度假产品（度假村、中心）
2.6　温泉度假产品（度假村、中心）
2.7　湖滨度假产品（度假村、中心）
3　康体休闲旅游产品
3.1　体育旅游产品
3.1.1　滑雪旅游产品
3.1.2　高尔夫旅游产品
3.1.3　戏水运动项目
3.1.4　球类运动项目（乒乓球、网球、台球等）
3.2　保健旅游产品
3.2.1　医疗型旅游产品
3.2.2　疗养型旅游产品
3.2.3　力量型康体运动项目
3.3　生态旅游产品
3.3.1　乡村旅游（观光、采摘、休闲、古村落、民俗等）
3.3.2　绿色旅游
3.3.3　野地旅游
3.3.4　赏花旅游
3.3.5　森林旅游
3.4　娱乐休闲类旅游产品
3.4.1　游乐项目，如：游乐园
3.4.2　被动休闲产品，如：桑拿、按摩

3.4.3 歌舞文艺类产品,如:MTV、KTV 等
3.4.4 游戏类产品,如:电子游戏、棋牌游戏
4 商务旅游产品
4.1 会议旅游产品(大型会务中心等载体)
4.2 奖励旅游产品
4.3 大型商务型活动
4.3.1 大型国际博览会或交易会
4.3.2 大型国际体育活动
4.3.3 大型纪念或庆祝活动
4.3.4 大型艺术节
5 文化类旅游产品
5.1 修学旅游产品(博物馆旅游等)
5.2 民俗旅游产品(民俗村、民俗家庭、民俗节庆活动等)
5.3 艺术欣赏旅游(喜剧、影视、音乐、绘画、雕塑、工艺品等)
5.4 宗教旅游产品
5.5 怀旧旅游产品
5.5.1 怀古旅游产品
5.5.2 仿古旅游产品
5.5.3 寻古旅游产品
5.5.4 寻根旅游产品
5.6 名人故居、墓地游
5.6.1 古堡、古城游
6 专项旅游产品
6.1 登山
6.2 潜水
6.3 考古
6.4 运动
6.5 探险
6.6 科考
7 特色旅游产品
7.1 享受型旅游产品(豪华列车、豪华游船、美食、总统套间)
7.2 刺激型旅游产品
7.2.1 探险旅游产品
7.2.2 冒险旅游产品
7.2.3 密境旅游产品
7.2.4 海底旅游产品
7.2.5 沙漠旅游产品
7.2.6 斗兽旅游
7.2.7 狩猎旅游
7.2.8 体育观战旅游

（二）按照旅游者的组织形式分类

可以分为团体旅游产品和散客旅游产品。

1. 团体旅游产品

团体旅游是指由超过 15 人以上的旅游消费群体，通过旅行社有组织地按照预定的行程计划，并向旅行社支付旅游过程中所消费的交通、住宿、餐饮、游览、参观、娱乐和导游服务的全部费用或主要部分费用的旅游方式。

团体旅游一般分为入境旅游团队、出境旅游团队、国内旅游团队三种。

2. 散客旅游产品

散客旅游是指旅游者自行安排旅游行程，向旅行社零星现付各项旅游费用的旅游方式。

散客旅游主要接受旅游者提出的单项委托业务、旅游咨询业务、选择性旅游业务。

（三）按照产品组成状况分类

可以分为全包价旅游产品、部分包价旅游产品和单项旅游服务产品。

1. 全包价旅游产品

全包价旅游又称团体包价旅游，包括两层含义：其一是团体，由不少于 10 名旅游者组成一个旅游团，进行旅游活动；其二是包价，即参加旅游团的旅游者采取一次性预付旅费的方式将各种相关旅游服务全部委托给一家旅行社办理。

2. 半包价旅游产品

半包价旅游是在全包价的基础上，扣除中、晚餐费用的一种包价形式，目的是降低产品的直观价格，提高竞争力，同时也是为了更好地满足旅游者在用餐方面的不同要求。

3. 小包价旅游产品

小包价旅游又称可选择性旅游，它由非选择部分和可选择部分构成。非选择部分包括接送、住房和早餐，该部分费用由旅游者预付；可选择部分包括导游、风味餐、节目欣赏和参观游览等，旅游者可自由选择，费用既可预付，也可现付。

小包价旅游中可选择部分明码标价、经济实惠、手续简便、机动灵活，给予旅游者多方面选择的空间。

4. 零包价旅游产品

旅游发达国家多采用零包价旅游这一种独特的产品形态。参加这种旅游的旅游者只需随团集体统一前往和离开旅游目的地，在旅游目的地的活动时间内可以完全自由活动，形同散客。参加零包价旅游的旅游者可以获得团体机票价格的优惠，并可由旅行社统一代办旅游签证。

5. 单项旅游服务产品

单项旅游服务是旅行社根据旅游者（主要是散客）的具体要求而提供的各种非综合性的有偿服务。

常规性的单项服务项目主要包括导游服务、交通集散地接送服务、代办交通票据和文娱票据、代订饭店客房、代客联系参观游览项目、代办签证和代办旅游保险等。为满足包价旅游团中个别旅游者的特殊要求而提供的服务一般也视为单项服务。

单项服务又称委托代办业务，旅游者可采取当地委托、联程委托和国际委托等不同的方式交旅行社办理。

散客旅游，是旅游者心理需求个性化、旅游经验日趋丰富和信息与科技的推动等因素综合作用的结果。散客旅游将成为一种发展趋势。

6. 产品组合

旅游产品组合的原则：选择各类旅游产品中适销对路的具有代表性的分类产品进行合理调整和组合，这种在销售过程中与旅游消费者进行多次沟通并重新调整和组合产品就是产品组合。这个产品组合会让旅游者获得最大满足，让旅行社获得最佳经济效益、社会效益。旅游产品组合策略一般有以下几种。

（1）全线全面型　旅行社经营的各类旅游产品，推向不同的市场，可以满足不同市场的不同需要，如外国旅游者、台湾同胞和国内旅游者对山水风光、文物古迹、民俗风情都很感兴趣，表明这个旅游产品组合的目标市场是外国旅游者、台湾同胞和国内旅游者。

（2）市场专业型　是向某一特定市场提供所需产品。这种策略有利于旅行社集中力量对特定目标市场进行调研，充分了解其需求，并有针对性地制定营销组合策略。如专门以青年为目标市场，开发探险旅游、修学旅游、新婚蜜月旅游、时尚购物旅游等产品。

（3）产品专业型　旅行社只经营某一类型的产品，满足多个不同目标市场的同类需要。如面向欧美、日本和东南亚市场开发的文化观光旅游产品。

（4）特殊产品专业型　针对不同目标市场的需求提供不同的旅游产品。这种策略能使旅行社有针对性地满足不同市场，使产品适销对路，如对欧美市场提供生态旅游产品，对国内旅游市场提供观光旅游产品等。

（四）按照产品的档次等级分类

可以分为豪华等旅游产品、标准等旅游产品和经济等旅游产品。

1. 豪华等旅游产品

一般选取四星级以上的宾馆，餐饮以目的地的特色饮食为主，小交通为进口的具备空调设施的豪华旅游车，大交通以火车软卧、飞机头等舱为主。旅行社在提供豪华等产品时，一般要派出最好的导游员，让游客获取最佳的旅游感受。

2. 标准等旅游产品

一般提供双人标准间（二星级或同档次宾馆），餐饮以标准餐八菜一汤为主，小交通一般选取国内生产的豪华旅游车，大交通一般以火车硬卧或飞机的经济舱为主。

3. 经济等旅游产品

住宿标准一般为社会饭店或旅社的 3 人间或 4 人间，餐饮以游客吃饱为基本标准，小交通多采用普通大客车或国内生产的带冷风的旅游车，大交通以火车硬座为主。

任务二　明确旅游产品设计的内容和要求

任务要求

1. 旅游产品包含的内容。

2. 分析游客心理谈旅游产品设计的要求。

相关分析

一、旅游产品设计的概念

旅游产品设计，是指按照一定的规则，将旅游者需求的旅游主题和完成旅游过程所必需的交通、餐饮、住宿、游览和旅游服务加以合理的组合配置，并以一定的内容、形式和价格展示给旅游者的过程。

二、旅游产品设计的意义

产品是某种物质或有偿服务项目的载体，销售产品这个载体才能创造价值。旅游产品就是旅游业获得经济效益和社会效益的载体。旅游产品能不能吸引旅游者大量购买，关键就在于旅游产品的设计能不能得到旅游者的认同并引起旅游者购买的欲望。因此，旅游产品设计得好坏，直接影响到旅游产品的销售和生产。

旅游产品设计得好，不仅能够引导旅游者的旅游需求，同时，由于合理地配置了资源，盘活了供给，还可以带动当地其他行业需求的增长，甚至可以提升当地的政治、经济、社会形象。所以，旅游产品设计对于旅游业发展、区域旅游开发、旅游企业经营与发展、旅游者提高旅游体验等方面都有重要意义。同时，旅游产品设计可以提高旅行社形象与经营效益，帮助旅游者选择旅游目的地、节省旅游费用和提高旅游体验。因此，对于旅游产品设计的研究与实践，是旅行社经营管理的关键内容。

三、旅游产品设计的具体内容

随着人类社会需求的不断提高，旅游需求不断发生变化。旅游者对旅游产品的种类、质量要求越来越高。所以旅行社只有根据市场需求的变化，不断进行旅游新产品的开发设计，才能不断适应旅游消费者不断变化的旅游需求。

旅游产品设计的主要内容就是根据市场需求，对旅游资源、旅游设施、旅游活动等进行规划、设计、开发和组合。具体包括：餐饮设计、住宿设计、旅游交通设计、游览内容设计、旅游购物设计、旅游娱乐设计，以及导游词的设计等。根据旅游者的消费需求，旅游产品设计一般分为经济型、标准型、豪华型三个档次。

（一）餐饮设计

根据旅游者的消费需求，旅游产品中的餐饮设计也分为三个档次。

1. 经济型

根据经济型客人的需求，餐饮设计多以"八菜一汤"的标准为主，以让客人吃饱为目的。

2. 标准型

此类餐饮设计多以标准菜单为主，以地方风味餐为辅。在满足旅游者吃饱需求的同时，还能让客人品赏一下旅游目的地的特色美食，还可在餐饮中设计美食鉴赏等内容，以提升产品的品位，使餐饮从产品的基本组成部分变成产品的主要卖点之一。

3. 豪华型

豪华型旅游产品的旅游者需求层次较高，所以，在整个旅游活动中，餐饮安排应以地方特色菜和美食文化的鉴赏为主要内容。

另外，旅行社设计的专题旅游产品，在餐饮设计中要充分考虑到特定旅游消费者的需求，如"新婚旅游"等特殊产品，可在餐饮中加入爱情文化的元素，在餐饮的品种和菜名的设计中，都要体现爱情的主题。这就需要旅行社在美食文化鉴赏的基础上，与活动的主题进行有机结合，以提升产品的吸引力。

（二）住宿设计

住宿是体现旅游产品档次的重要标志之一，住宿设施是旅游产品要素中标准化程度最高的。由于旅游的季节性较强，所以在公共假日和旅游旺季，经常出现住宿供应紧张的情况，使得住宿设施的安排成了旅游投诉的重点之一。

1. 经济型

旅游产品中经济型的住宿设计，主要是满足虽有强烈旅游欲望、但并不富余的工薪群体，他们对于住宿的要求不高，经济型饭店、农家旅社、社会旅店都可选择，但必须满足安全和卫生的基本前提并且价位要相对便宜。

2. 标准型

标准型的住宿是标准型旅游产品的组成部分，产品标志就是有独立卫生间的二人间标准房，并有 24 小时热水供应。目前，我国的二星级饭店、三星级饭店都属于这个层次。

3. 豪华型

旅游产品中豪华型的住宿设施，是高档旅游产品的标志之一，旅行社在设计这一类型的产品时，通常会选择四星级或五星级饭店，或者根据本档产品的主题要求把客人安排在旅游胜地的度假别墅。豪华型的住宿设计，不但要考虑到设施的全面性和豪华程度，其住宿设施的私密性也是非常重要的标志之一。有时，旅行社也会根据客人的要求，安排一些具有地方特色的豪华民居或者野外露营，但绝对不是牺牲设施的全面性和豪华程度。

（三）旅游交通设计

根据旅游者对旅游交通工具，如飞机、火车、游船、旅游车等需求的认可，旅游交通的设计分为以下几个类型。

1. 基本型

旅游产品中的基本型旅游交通要求是保证安全地将旅游者从出发地送至旅游目的地，以及完成整个旅游活动的全程交通运输，对交通工具的舒适度要求不高，多以火车硬座或长途旅游车为主。

2. 标准型

旅游产品中标准型的旅游交通，在安全第一的前提下，还强调了一定程度的舒适性。交通工具多以火车硬卧、包机（含红眼航班）和飞机经济舱为主，短途旅游产品的交通要求，也可使用有良好空调系统的旅游轿车。交通行程的安排要求紧凑、便捷。

3. 豪华型

旅游产品中豪华型旅游交通的设计，要充分体现旅游者的身份地位和舒适性。交通工具多以飞机的商务舱、火车软卧、游船的一等舱为主，一般较少考虑价位的变化和消费者的支付能力。有时为了满足特定主题旅游活动的需要，还要对旅游交通进行一些文化层面的设计。如在大型旅游主题活动中，多把豪华旅游大巴设计成各种类型的花车，用来凸显活动的热烈气氛和活动的档次。

（四）游览内容设计

旅游产品中游览内容的设计和游览节奏的安排，是旅游产品的核心。游览内容根据区位特点、影响力和历史地位，分为周边游、国内游和出境游；对旅游产品游览节奏的设计以"快旅慢游"为原则。

1. 基本型

基本型的游览内容和节奏设计，主要表现为"景点多多益善、游览节奏越快越好"。游客希望在有限的时间内，安排的活动内容和所看到的景点越多越好。在我国，这种现象还会持续一段时间。

2. 标准型

旅行社在设计标准型的游览内容和旅游节奏时，不但要考虑游览内容的影响力和代表性，还应考虑旅游者的特定需求。由单一的景点游览设计，向景点游览设计与无形服务相结合过渡，力求设计出在一个旅游目的地能够满足游客多重需求的产品。如海南游，除设计出"海南双飞四晚五日游"的标准产品之外，还要开发"新婚之旅""高尔夫之旅"等具有个性化特点的旅游产品。

3. 豪华主题型

豪华主题型的游览内容和旅游节奏的设计，目前主要是以"主题俱乐部"的形式，如汽车俱乐部推出的"自驾车之旅"、户外运动俱乐部推出的"极限之旅"、摄影俱乐部推出的"采风之旅"等，都反映了旅游者的多重旅游需求。它既满足了人们个性化的旅游需求，又对大众旅游的发展具有一定的引导作用。

（五）旅游购物设计

旅游产品中的旅游购物，是旅游者在旅游活动中一项最基本的活动，也是给旅游者带来很多快乐旅游回忆的实物体现。《旅游法》规定旅行社不得在旅游行程中安排旅游购物，但如果游客要求旅行社安排购物，在征得大多数游客同意和签订协议的情况下可以安排。实践证明，科学合理地安排旅游者在游览地购买当地特色产品，可以更好地满足旅游者的好奇心和收藏需求。

1. 基本型

基本型旅游购物的设计，要充分考虑旅游者的心理意愿，平均每天的游览活动中购物次数不得超过 1 次，主要介绍具有当地特色的产品、物品等。

以"导游介绍，游客自愿"的设计原则设计旅游购物活动。恰当的旅游购物活动的设计，具有当地文化特色的旅游商品推介可以给旅游者带来美好回忆，能提升整个旅游产品的品质和美誉度。

2. 文化型

旅游商品本身具有很强的地方特色和区域文化色彩。因此，在旅游购物活动的设计中，"文化型"是高层次的设计类型。其具体体现为将旅游购物活动与当地文化展示的表演活动有机结合，有的旅游城市还专门设计了能满足游客购物、文化欣赏、特色餐饮等多重需求的旅游一条街。这就将游客对购物的需求与其他方面的需求有机地结合起来，效果较好。如杭州的"龙井问茶"，就将中国源远流长的茶文化欣赏、龙井茶的生产过程介绍、龙井茶的品尝、龙井茶的出售有机地结合到了一起，满足了游客的多重需求。

（六）旅游娱乐设计

旅游产品中娱乐活动的设计是旅游活动中非常重要的一个环节。

1. 基本型

基本型旅游娱乐的设计表现在导游员和游客的良好互动上。导游员给游客表演如对歌、小魔术、小品、相声或笑话等，还可以组织游客做游戏或进行才艺展示活动。在旅游途中，导游员设计的多种游戏娱乐活动，有利于调节沉闷的气氛、缓解游客的疲劳感，受到游客的欢迎。

2. 标准型

标准型旅游娱乐活动的设计，主要体现在旅游客源地至目的地、目的地各景点之间，根据时间的长短和目的地景点的特点，进行娱乐活动的设计，将参与性活动与观赏性活动有机结合，这样的旅游产品设计充分考虑旅游者的需求，会收到很好的效果。

3. 文化型

具有地方特色和民族特色的旅游娱乐活动是很受旅游者欢迎的文化型设计。旅行社在产品设计时，把旅游者的需求和旅游目的地的区域文化有机地结合在一起，不但注意到了娱乐活动的多样性和参与性，而且还具有很强的区域文化特色，真正把旅游娱乐活动设计成了旅游产品的亮点，受到游客的普遍好评。

（七）导游词设计

导游员，是旅游活动成功的关键性人力资源因素，旅游产品中的导游词则是旅游活动是否成功的知识性因素。导游词的设计分为以下几种类型。

1. 基本型

基本型的导游词，主要是格式化的导游词。在导游员的表现中，导游词多数带有很强的背诵和模仿痕迹，没有达到"因人而异、因地而异、因情而异"，只是机械地给游客介绍一些景点的常规讲解和当地标志性建筑物的知识。

2. 标准型

标准型的导游词设计，主要体现为导游员在熟练掌握主要景点和当地社会文化基本知识的基础上，还能根据旅游者生理、心理的状况，在游览的不同阶段与游客进行良好的互动，设计不同类型的游戏和活动，用个性化的导游词调动游客的旅游兴致，对游览景物能考虑到"因人而异、因地而异、因情而异"，使游客获得较好的旅游感受。

3. 文化型

文化型的导游词设计，不仅体现于导游员对相关知识的掌握和运用上，还能根据旅游者的不同特点以及职业特性，有针对性地对游览景物做到"因人而异、因地而异、因情而异"的讲解，并根据旅游者的兴趣决定讲解的简繁程度，使讲解达到知识性与娱乐性相结合、知识性与趣味性相结合，而且还能根据游客的情绪变化，进行适当的情绪调节，使旅游的整个过程变得非常自然流畅。

综上所述，旅游产品的设计是旅行社发展壮大的基础，在中国旅游产品严重同质化的今天，谁在旅游产品设计上占领了先机，谁就获得了领先于其他对手的产品类型多样化的优势，谁就赢得了旅游市场的认可。

四、旅游产品设计的要求

一般而言，旅游产品设计包括两个层面：一是指设计更多的产品种类，而不是增加单一品种的数量；二是设计更多的好产品，即旅游者喜欢的质优价平、有浓郁地方特色、独特视觉感受、可供旅游者积极参与的旅游产品。

一个好的旅游产品要在交通、餐饮、住宿、游览和旅游服务等方面深入挖掘出可利用的资源，充分发挥旅游产品在时空、内容、成本等特征的多层次变化，并加以合理组合。使这些产品经得起市场的考验。

1. 各种旅游要素要和谐流畅

旅游产品设计的内容涉及食、住、行、游、购、娱等各种旅游要素，在旅游产品设计时需要各个要素密切配合、环环相扣。也就是说，当旅游人群类型发生变化时，旅游产品的食、住、行、游、购、娱等要素也要进行适当调整，使得各种旅游要素和谐流畅。

2. 体现时空特征

旅游活动是在一定时空范围内的活动。旅游者活动的时间性取决于旅游资源空间随时间的变化和旅游者闲暇时间的变化。旅游资源空间随季节的变化会对旅游者的旅游体验产生影响，不在特定的时间内去观赏就体会不到这个旅游资源空间的独特。如哈尔滨的冰灯、浙江的钱塘江大潮等。因此，旅游活动在不同的时间到同一个旅游资源空间或在相同的时间到不同的旅游资源空间的组合安排，就形成不同的旅游产品。将不同时空的旅游活动再通过不同形式的旅游交通工具相连接，组成连续空间。

3. 要关注成本

旅游产品作为一个特殊的消费品，其一定是在旅游者有了足够的金钱和足够的休闲时间才能购买的产品。因此，旅游者的成本支出是旅游产品设计必须要考虑的约束条件。也就是说，不同时空、不同内容、不同交通工具的组合，不但能改变旅游产品，还会改变旅游产品的成本。从我国旅游消费市场的发展轨迹可以很清楚地看到，20 世纪 90 年代中后期，我国进行了工资改革和实行休假制度之后，大众旅游市场出现了快速增长，使长期属于"贵族消费"的旅游活动转变成为大众消费商品。

旅游产品设计要在同类旅游产品中确立自身竞争优势，就需要合理控制成本，以达到自身成本的最小化，特别是要让旅游者成本达到最低，这样才有利于实现旅行社的效益最大化，提高旅游产品的竞争力。

任务三　明确旅游产品设计的方法和原则

任务要求

列举旅游产品创新的方法，分析旅游产品设计的原则。

相关分析

一、旅游产品设计的方法

旅游产品设计，首先要通过市场调研、可行性分析，确定有旅游价值的吸引点；其次，合理配置交通、住宿、餐饮、游览、娱乐、购物等要素；最后，是将该产品调整到最佳性价比。

旅游产品设计主要有创新的方法和借鉴的方法。创新的方法包括产品设计创新、服务设计创新、宣传设计创新和产品经营创新四种，借鉴的方法主要是模仿和改良。无论哪种方法，都应从旅游产品的档次和结构入手，注重旅游服务项目的细节设计。

（一）创新的方法

1. 产品设计创新

在市场细分要求更专业的今天，所有的旅行社都不能说自己的产品适合所有旅游者的要求。所以旅行社在旅游产品设计方面应该创新出更多层次的产品，满足不同类型旅游者的需要。针对旅游者提出的个性化要求，可以让其参与产品的设计与组合。这样产生的产品往往因为特色突出而最大限度地杜绝被复制和模仿。在对旅游产品进行设计创新过程中要坚持如下原则：

（1）市场导向原则　设计的关键是适应旅游市场的需求，最大限度满足旅游者的需要，着眼于市场的潜在需求。

（2）独特性原则　每个旅游产品、每一条旅游线路都应有自己独有的特色，以形成鲜明的主题，使产品具有"新"和"奇"的特点，能够对旅游者产生强烈的吸引力。

（3）布局合理原则　同样的旅游项目会因为旅游产品类型、线路的结构顺序与安排节奏的不同而产生不同的效果。因此既要突出各地的特点，也要照顾到整个旅游产品各条线路的布局。

（4）经济性原则　旅游产品的价格不能超过目标市场旅游者的经济承受能力，同时也要为旅行社带来效益。

（5）可进入性原则　设计旅游产品的线路时，要充分考虑到其所涉及的景区是否容易进入和离开，重视景区的交通状况和基础设施。

2. 服务设计创新

随着人们生活水平的改善和自身文化素质的提高，旅游者对服务质量的要求也越来越高，服务质量已成为旅游者选择旅游目的地的一个重要因素。因此，服务创新必须不断根据市场变化、旅游者需求开发出为其"量身定做"的服务项目。大力开展"个性服务""感情服务"，从而提升旅游产品的市场竞争力。根据旅游者的不同类型设计出不同的旅游产品，并可利用自身的专业优势针对个别旅游者的特殊要求为其单独设计产品线路。体贴细微的服务不仅能为旅行社赚取更多的经济利益，还能为其赢得良好的口碑。

3. 宣传设计创新

旅行社生产出旅游产品，其目的是把它们推销出去，让更多的旅游者了解并接受。因此，对新产品的宣传设计创新就显得尤为重要。除了借助传统的报纸、电视、广播等媒体外，还可以采取以下宣传手段。

（1）旅游节庆活动　旅游目的地的节庆活动是宣传促销的关键环节，通过旅游产品的主题文化载体，强化旅游产品的文化品位，借以提升旅游产品的知名度，达到涉及面广、影响程度深的预期宣传效果。

（2）网络宣传　信息时代扩大了宣传促销的空间，网络无论是从信息量还是信息传递速度都大大超过了传统的传播媒体。在这种背景下，旅行社可以通过网络扩大旅游产品的知名度。一是建立自己的企业网站，介绍旅行社的情况及其所经营的旅游产品种类及各条线路的具体内容。二是及时在网站上发布新产品信息，并适时更新产品或线路。三是在一些知名度高的网站上做广告（不只局限于旅游网站）或与之建立友情链接，方便网民点击进入。四是与受群众欢迎且点击率高的门户网站协商，利用电子邮件、网页插件广告等手段扩大企业产品的知名度或推广独具特色的新产品、新线路。五是适应社会发展趋势，鼓励网上报名，提供各种优惠政策以提高旅行社及其产品在网民中的影响力。

4. 旅游产品经营创新的思路

（1）某旅游产品或某条旅游线路的专营　某旅游产品或某条旅游线路的专营就是指旅行社通过买断自己开发的某旅游产品或某条旅游线路中某些环节，全部或某类产品和服务在某段时间内的使用权而形成的对某旅游产品或某条线路的排他性经营。旅游产品开发要涉及多个单项旅游服务项目产品和服务的供应商，对这些单项旅游服务项目产品和服务拥有产权的是供应商而不是旅行社。当某些新开发的旅游产品或某条旅游线路获得成功时，很多旅行社"搭便车"推出相似产品同条线路，导致旅游产品开发商得到的经济效益难以抵上其开发成本，从而影响了开发商开发新的旅游产品的积极性。旅行社通过实施专营买断多家企业相关旅游产品的使用权，实现了对旅游产品或线路在价格上更大的控制权，因而可以在较低的价格上进行竞争，保证了旅行社之间竞争的良性循环。至于其在签约的有效性低、旅游旺季时产品或线路专营很难得到保障等方面的消极影响，则可以通过保证签约的主体与履约的主体一致性、提前购买单项旅游服务项目产品和服务实现一体化等办法加以解决。

（2）品牌化经营　旅游产品的特性决定了品牌对于旅行社经营的重要性。旅游者在选择旅游产品时往往依赖其对品牌的认知，因此旅游产品要想在激烈的竞争中脱颖而出，必须实施品牌战略。而旅游产品的品牌往往要依托于旅行社的特色产品，如极富特点的旅游产品或线路、系列主题旅游，也可以是一种服务的风格或企业文化的某一方面。旅游产品的创新要建立在维护和保持品牌的前提之下，通过塑造企业形象、创造品牌服务商标、品牌旅游产品或线路和品牌导游，提高旅游产品的竞争力。品牌化经营一方面为旅行社创造了竞争优势；另一方面对旅游者来说，品牌也有效地降低了购买风险和决策成本。

（3）联合经营　随着境外旅行社凭借雄厚的资金、成熟的电子商务技术和完善的客源网络进入我国，实行区内甚至跨地域的联合经营成为不可抵挡的发展趋势。以"资源共享、客源互流、整体促销、共同发展"为原则组建跨区域的旅行社联合体，能更有效地增强各旅行社的实力。各成员可以共同筹集资金开展整体促销活动，开办"旅游超市"，即将各地旅行社的旅游产品、景点和特色服务集中展示于某一固定的大型场所，通过展示介绍、商务洽谈等形式，让旅游者拥有更多的出游选择和更好的配套服务。

（二）借鉴的方法

就是通过分析以往旅游产品的特点和市场定位，借鉴别人成功的经验、汲取失败的教训，根据自己对市场的认识和客户的需求，对产品进行重新包装，迅速获取收益的方法。如上海某旅行社在分析了"我到北京上大学"的产品特点之后，借鉴该产品的设计细节、包装方式及其主要卖点，经过对青少年旅游市场的调查分析，发现拓展训练可以提升学生的心理素质并帮助青少年克服一定的心理问题，在旅游专家的指导下，该旅行社适时推出了包含"名校参观、心理辅导、野外拓展、学生交流、才艺展示"等卖点的青少年夏令营产品，受到广大青少年的普遍欢迎。

目前，对旅行社产品创新有一些不全面的认识，其中最为典型的是把创新仅仅理解为新产品的开发。实际上创新还应该包括对已有产品的重新组合或对已有产品的内涵进行深层次的开发。该种方法的关键在于在改良的过程中认真分析自身的优势，并将自己的优势融入产品之中进行二次开发，最终开发出具有自身特色的旅游产品。

二、旅游产品设计的基本原则

旅游产品的形态是多种多样的，尽管旅行社的旅游产品在服务形态方面存在差异，但不同形态的旅游产品在其设计过程中，却应遵循基本相同的原则。

（一）市场原则

旅游产品开发的目的在于通过产品销售，获得经济利益。如果旅游产品不能满足旅游者的需要，产品就没有销路，旅行社也就无利可图。市场原则就是要求旅行社在开发新产品前，对市场进行充分的调查研究，预测市场需求的趋势和需求的数量，分析旅游者的旅游动机。只有这样，才能针对不同目标市场旅游者的需求，设计出适销对路的产品，最大限度地满足旅游者的要求，提高产品的使用价值。旅游产品开发的市场原则具体体现在以下三个方面。

1. 根据市场需求变化的状况开发产品

旅游者的需求是千差万别的，同时又是千变万化的，但其中也不乏相对稳定的因素。对于大众旅游者来说，以下需求具有代表性和稳定性：

① 到未曾到过的地方，增广见闻；

② 从日常的紧张生活中求得短暂的解脱，提高情趣、舒畅身心；

③ 尽量有效地利用时间而又不太劳累；

④ 尽量有效地利用预算，物美价廉；

⑤ 购买廉价而又新奇的东西。

旅行社可以根据旅游者这些相对稳定并具有代表性的需求特点，同时结合不同时期的不同风尚和潮流，设计出适合市场需求的旅游产品。

2. 根据旅游者或中间商的要求开发产品

旅行社还可以直接根据旅游者和客源产生地中间商的要求，设计专门的旅游产品，开拓自己的市场。

3. 创造性地引导旅游消费

旅行社审时度势，创造性地引导旅游消费，也是市场原则的实际应用。

（二）经济原则

所谓经济，是指以同等数量的消耗，获得相对较高的效益，或以相对较低的消耗，获得同等的效益。旅游产品同其他产品一样，也有各种成本支出，如交通费、住宿费和餐饮费等。这就要求旅行社在旅游产品设计过程中，加强成本控制，降低各种消耗。例如，通过充分发挥协作网络的作用，降低采购价格，这样旅游产品的直观价格就能降低，既便于产品销售，又能保证旅行社利润。

旅游产品开发的经济原则，还表现在旅行社总体结构应尽可能保证接待能力与实际接待量之间的均衡，减少因接待能力闲置造成的经济损失。事实上，接待能力曲线与市场需求曲线之间经常存在着明显的差距，有时需求大大超出接待能力，有时需求又大大低于接待能力，二者吻合的机会极少。当然，我们并无力达到绝对的平衡，事实上，绝对的平衡也不存在。但我们却可通过产品的优化组合和必要的辅助手段，如价格调节，使旅游需求尽可能与旅行社的接待能力趋于平衡。

（三）旅游点结构合理的原则

旅行社在设计旅游产品的线路时，应慎重选择构成旅游线路的各个旅游点，并对之进行科学的优化组合。具体地讲，在旅游线路设计过程中应注意以下几点。

1. 尽量避免重复经过同一旅游点

在条件许可的情况下，一条旅游线路应竭力避免重复经过同一旅游点。因为根据满足效应递减规律，重复会影响一般旅游者的满足程度。

2. 点间距离适中

同一旅游线路各旅游点之间的距离不宜太远，以免造成大量时间和金钱耗费在旅途中。

3. 择点适量

目前，短期廉价是大众旅游者的追求目标，旅游者的旅游时间一般在三天至两周之间。在时间一定的情况下，过多地安排旅游点，容易使旅游者紧张疲劳，达不到休息和娱乐的目的，也不利于旅游者深入细致地了解旅游目的地。同时，择点过多，对旅游产品的销售也会产生不利影响，致使旅游回头客减少。

4. 顺序科学

一条好的旅游线路就好比一首成功的交响乐，有时是激昂跌宕的旋律，有时是平缓的过渡，都应当有序幕—发展—高潮—尾声。在旅游线路的设计中，应充分考虑旅游者的心理与精力，将旅游者的心理、兴致与景观特色分布结合起来，注意高潮景点在线路上的分布与布局。在交通安排合理的前提下，同一线路旅游点的游览顺序应由一般的旅游点逐步过渡到吸引力较大的旅游点，这样可以使旅游者感到高潮迭起，而非每况愈下。例如，对国际旅游者来说，广州、桂林、上海、西安、北京一线的组合便优于其逆向组合。

5. 特色各异

一般来说，不应将性质相同、景色相近的旅游点编排在同一线路中，否则会影响旅游线路的吸引力。当然，专业考察旅游则另当别论。例如，广州、桂林、上海、西安、北京一线，正是由于各旅游城市独有的特色和科学的组合而成为我国在国际旅游市场中畅销的旅游线路。

（四）交通安排合理的原则

交通工具的选择应以迅速、舒适、安全、方便为基本标准。在具体安排上，长途一般应乘坐飞机；交通工具的选择应与旅程的主题相结合；同时要保证交通安排的衔接，减少候车（机、船）的时间。

（五）服务设施有保障的原则

旅游线路途经旅游点的各种服务设施必须得到保障。如交通、住宿、饮食等。这是旅行社向旅游者提供旅游服务的物质保证，缺少这种保证的旅游点一般不应考虑编入旅游线路。

（六）内容丰富多彩的原则

旅游线路一般应突出某个主题，并且要针对不同性质的旅游团确定不同的主题。如"草原风光旅游""中国名酒考察旅游"等，都有自己鲜明的主题。同时，旅行社还应围绕主题安排丰富多彩的旅游项目，让旅游者通过各种活动，从不同的侧面了解旅游目的地的文化和生活，领略美好的景色，满足旅游者休息、娱乐和求知的欲望。在同一线路的旅游活动中，力求形成一个高潮，加深旅游者的印象，达到宣传自己、吸引旅游者的目的。旅游活动内容切忌重复，尤其在殿堂庙宇的安排上，更应仔细、慎重。因为我国这类古建筑不胜枚举，而它们对一般旅游者来说，往往是大同小异。

任务四 掌握旅游产品的定价方法

🔥 任务要求

熟记旅游产品定价策略和定价方法。

相关分析

一、旅游产品价格的基本概念

旅游产品价格，是指旅行社向旅游消费者提供的产品内容及服务价值的货币表现。旅游产品是一个整体概念，旅游产品可分为以下几种购买方式。

（1）一次性购买旅游活动中包括的食、宿、行、游、购、娱全部内容和服务的旅游产品，我们一般将此价格称为全包价。

（2）部分购买旅游活动中提供的可供旅游消费者自由选择的内容和服务的旅游产品，我们将此种购买称为半包价。

（3）只购买旅游活动中的单项旅游项目内容和服务的旅游产品（如交通、住宿、餐饮等），我们对这种购买称为单项委托价。

二、影响旅游产品价格的因素

1. 成本因素

产品成本加上企业利润形成产品价格。由于旅游产品的特殊性，其成本的变化较大，因此旅游产品的价格也要有较大幅度的浮动空间。同时，旅游产品的成本除了部分物质产品成本之外，管理成本占旅游产品成本很大比例。

2. 市场需求

市场需求会影响旅游产品的价格。当市场需求大于产品供给时，价格上升；反之，价格下降。因此，只有随时跟踪旅游市场的需求变化，及时调整旅游产品价格，才能保证旅行社稳定客源和营业收入。

3. 同业竞争

由于旅游产品的同质性，价格成为参与竞争的一大法宝。但是，价格也是一把双刃剑，无论是制定较高的价格，还是制定较低的价格，都必须慎重。

三、旅游产品的定价原则

（1）以价值为基础，以旅游市场的不同需求为依据，制定既有竞争性又有一定差别的多层次的旅游产品价格。

（2）实行按质论价，针对不同旅游产品的不同状态，因时、因地制定适宜的旅游产品价格。

（3）旅游产品中旅游商品（食、住、行、游）差价原则　旅游产品是由食、住、行、游、购、娱、讲解七要素构成，因此，旅行社必须向其他旅游企业如饭店、餐馆、火车站、航空公司、景点等，购买他们的住房、餐饮、交通、景点游览等旅游商品，这就会产生商品差价，所以，在设计旅游产品和产品定价时还要考虑旅游商品的差价原则。

旅游商品的差价有五种：购销差价、批零差价、季节差价、地区差价和质量差价（质量差价有时也看作比价）。

四、确定旅游产品价格的依据

旅游产品的价格水平一般由四个因素确定：产品成本、竞争对手同类产品的价格，以及旅游者的购买能力和对产品价值的认识。其中，产品成本决定了产品价格的下限，旅游者购买能力和对产品价值的认识决定了产品价格的上限。合理的旅游产品价格在上限与下限之间浮动。

但是对于旅游产品而言，还有另一个重要的定价依据，就是该旅游产品的品牌形象。不同的产品，有其自身独特的品牌形象，其产品的定价应与产品的品牌形象相一致。如果不一致，不但会减少收益或市场份额，还会有损于品牌形象。例如，豪华旅游产品，是为满足某个高消费群体对高品质产品和服务的需求而设定的。如果为了招揽更多消费者而降低这类产品的价格，不但不会取得更大收益、吸引更多消费者，反而可能失掉以往的客源群体。

五、旅行社的旅游产品定价方法

一定时期内旅行社的营业费用是总成本。接待每个旅游团的经营成本作为单位营业成本。旅行社营业成本是制定价格的最低界限。超过这个最低界限的部分是利润、税金和折旧。关系式：

旅游产品销售价格＝旅行社营业成本＋利润＋折旧＋税金

（旅游产品销售价格的利润率通常是按旅行社的平均利润率确定的）

1. 成本加成定价法

旅行社预期单位成本加上平均利润率确定产品售价。

计算公式：

单位产品价格＝预期单位成本×（1＋平均利润率）

＝综合服务成本×（1＋利润率）＋房费＋餐费

＋城市间交通费＋专项附加费

注：计算公式中的"平均利润"包括旅行社各种费用、税金、折旧和利润，平均利润率可根据旅行社管理者的经验估出，也可根据旅行社行业的平均利润率计算。

2. 售价加成定价法

以旅行社在旅游市场的销售价格为基础，按平均利润率计算售价。

计算公式：

$$单位产品价格＝预期单位成本÷（1－平均利润率）$$

区别：相同的预期单位成本和平均利润率，以预期单位成本为基础，计算的售价较低；以平均利润率为基础，计算的售价较高。

3. 边际贡献定价法

边际贡献定价法，这种定价法只计算变动成本，不计算固定成本，以预期的边际贡献补偿固定成本并获得盈利。边际贡献是产品销售收入和变动成本的差额。

计算公式：

$$单位产品价格＝单位变动成本＋单位边际贡献$$

主要用于同类旅行社产品供过于求客源不足时。为保住市场份额，暂时不计固定成本，以较低价格吸引客源的方法。

4. 投资回收定价法

是根据旅行社的总成本或投资总额、预期销量和目标收益额来确定价格。

基本公式为：

$$单位产品价格＝（总成本＋目标收益额）÷预期销售量$$

这种定价方法可以保证在一定销量条件下收回全部成本，并实现既定的目标利润，但由于此方法是以预期销售量来推算价格，忽略了价格对销售量的决定和影响，只有经营垄断性产品或有很高市场占有率的旅行社可用这种方法进行定价。

5. 随行就市定价法

这种方法是指根据旅行社通过对市场竞争、市场需求及旅游者反应的不断监测，以随机的方式对产品价格进行相应调整，以期在可能的范围内获得最大利润的定价方法。这种方法易于应付竞争，保证旅行社获得平均利润，是一种较为稳妥的定价方法。

六、定价策略

1. 心理定价策略

心理定价是指根据消费者心理接受程度和喜好对产品进行定价的策略。如吉祥数字、整数法、声望效应等。

2. 撇油定价策略

撇油定价是一种以高价格进入市场迅速获取优厚利润、短期收回投资的策略。如新产品入市之初还没有竞争对手，而消费者也愿意出高价购买时，可采用此策略。

3. 渗透定价策略

渗透定价是新产品以低价格进入市场，以求迅速占领市场较多份额、扩大产品销量，谋求较长时间的市场领先地位的策略。

4. 二合一定价策略

二合一定价就是将撇油和渗透二合一，避免新产品推出之初定价过高难以开拓市场，另外给新产品价格留出较大浮动空间，保证预期利润。

5. 差别定价策略

旅游产品的差别定价是指根据时间、地域、产品、销售对象、购买数量的不同给出不同定价的策略。如淡季、平季、旺季；或利用某个节日对特定人群实行优惠价等。

模块三　旅游新产品策划、设计过程

旅游新产品策划、设计与操作是个复杂的系统工程，大致需要十二个步骤：①了解国家及地方有关政策，把握政策对旅游业的支持力度及热点导向；②旅游市场调研；③分析旅游市场调查表；④新产品策划构思；⑤可行性分析及实地考察；⑥确定产品组合；⑦设计产品并定价；⑧设计全程导游词；⑨试销产品、确定销售渠道；⑩销售产品、制定具体行程；⑪售后服务；⑫产品的财务核算及风险控制分析。

任务一　了解和把握国家及地方有关政策对旅游业的支持力度及热点导向

任务要求

收集并学习国家、各省市、各行业对旅游业发展的支持或优惠政策，分析哪些政策更利于新产品快速成长和长期稳定发展。

相关分析

政策支持是新产品策划设计的导向，因此，参与新产品设计的人员必须了解目前可以利用的有关促进旅游业发展的相关政策和政策导向，依据调查分析报告和相关政策的支持力度，预测原有和潜在的旅游需求，选择旅游新产品的旅游目的地，构思旅行社的新产品框架。

一、近年国家有关旅游方面的重要政策

1. 2009 年《国务院关于加快发展旅游业的意见》（简称《意见》）

《意见》首次明确了旅游业"国民经济的战略性支柱产业和人民群众更加满意的现代服务业"的定位，并提出了近几年旅游业发展的主要任务：深化旅游业改革开放、优化旅游消费环境、加快旅游基础设施建设、推动旅游产品多样化发展、培育新的旅游消费热点等。并指出政府要加大投入以及金融支持，大力支持旅游业的发展。

2. 2013 年《国民旅游休闲纲要（2013～2020 年）》（简称《纲要》）

《纲要》指出到 2020 年，我国职工带薪年休假制度基本得到落实，城乡

居民旅游休闲消费水平将大幅增长，提出了大力发展旅游业、扩大旅游消费的措施。

3. 2014 年《关于促进旅游业改革发展的若干意见》（简称《意见》）

《意见》提出，要增强旅游发展动力，扩张旅游发展空间。在政府扶持旅游消费方面，部署了四大方面的重要举措，其中两个方面对旅游产品设计关系重大：

（1）切实落实职工带薪休假制度。将带薪年休假制度落实情况纳入各地政府议事日程，作为劳动监察和职工权益保障的重要内容。

（2）扩大旅游购物消费。实施中国旅游商品品牌建设工程，重视旅游纪念品创意设计，大力发展具有地方特色的商业街区，鼓励发展特色餐饮、主题酒店，研究新增进境口岸免税店的可行性。鼓励特色商品购物区建设，提供金融、物流等便利服务，发展购物旅游。

4. 2015 年 7 月《关于进一步促进旅游投资和消费的若干意见》（简称《意见》）

针对增强旅游投资和消费，《意见》提出了 6 个方面、26 条具体政策措施：

（1）实施旅游基础设施提升计划，改善旅游消费环境。加强中西部地区建设，连通景区道路、停车场、旅游厕所等建设，规范旅游市场价格和经营秩序等五项内容。

（2）实施旅游投资促进计划，新辟旅游消费市场。包括加快自驾车、房车营地建设，大力发展特色旅游城镇，大力开发休闲度假旅游产品，积极推动"互联网＋旅游"等七项内容。

（3）实施旅游消费促进计划，培育新的消费热点。包括提升特色旅游商品、积极发展老年旅游、支持研学旅行发展、积极发展中医药健康旅游四项内容。

（4）实施乡村旅游提升计划，开拓旅游消费空间。包括坚持乡村旅游个性化、特色化发展方向，完善休闲农业与乡村旅游配套设施，开展百万乡村旅游创客行动，大力推进乡村旅游扶贫四项内容。

（5）优化休假安排，激发旅游消费需求。包括落实职工带薪年休假制度、鼓励弹性作息、鼓励错峰休假三项内容。

5. 2016 年 3 月《中华人民共和国国民经济和社会发展第十三个五年规划纲要（2016～2020 年）》（简称《纲要》）

《纲要》指出，要推进"一带一路"建设。办好"一带一路"国际高峰论坛，发挥丝绸之路（敦煌）国际文化博览会等作用。广泛开展教育、科技、文化、体育、旅游、环保、卫生及中医药等领域合作。构建官民并举、多方参与的人文交流机制，互办文化年、艺术节、电影节、博览会等活动，鼓励丰富多样的民间文化交流，发挥妈祖文化等民间文化的积极作用。

6. 2016 年 12 月，国家旅游局、农业部联合印发了《关于组织开展国家现代农业庄园创建工作的通知》（简称《通知》）

《通知》决定在全国国有农场范围内组织开展国家现代农业庄园创建工作，计划到 2020 年建成 100 个国家现代农业庄园。《通知》明确提出，国家现代农业庄园旅游功能突出。应具有优质的、可供休闲度假的特色自然或人文资源，旅游项目主题鲜明、特色突出、类型丰富；住宿餐饮、休闲娱乐、农事体验、产品展示、文化展览等基本功能齐全，基础设施完善、先进实用，各种设施的安全与卫生符合相应的国家标准；具有较高的旅游承载能力，且无多发性不可规避自然灾害，庄园的游客接待量不低于每年 40 万人次；而且优先考虑国家 3A 级（含）以上旅游景区。

7. 2016 年 11 月，国务院办公厅发布《国务院办公厅关于进一步扩大旅游文化体育健康养老教育培训等领域消费的意见》（简称《意见》）

对于全域旅游、乡村旅游、旅居车、邮轮游艇旅游、体育旅游、文化旅游给出了指导意见。《意见》要求实施乡村旅游后备厢行动。研究出台休闲农业和乡村旅游配套设施建设支持政策。此项工作，《意见》要求国家旅游局、农业部、国家发展改革委按职责分工负责。

8. 2016 年 10 月，国家旅游局发布《国家旅游局办公室关于实施旅游万企万村帮扶专项行动的通知》（旅办发〔2016〕272 号，简称《通知》）

《通知》指出组织动员全国 1 万家规模较大的旅游景区、旅行社、旅游饭店、旅游车船公司、旅游规划设计单位、乡村旅游企业等旅游企业及旅游院校，对 2.26 万家乡村旅游扶贫重点村进行帮扶脱贫。

9. 国家发展改革委和国家旅游局发布《关于印发全国生态旅游发展规划（2016～2025 年）的通知》（简称《通知》）

《通知》要求促进与文化旅游、乡村旅游等融合，形成各具特色的生态旅游线路品牌，打造旅游消费新热点，增强对沿线地区的辐射带动作用。重点建设乡村旅游富民工程：支持乡村旅游富民工程重点村的道路、步行道、停车场、厕所、农副土特产销售中心、供水供电设施、垃圾污水处理设施、消防设施以及环境整治等建设。对乡村旅游扶贫重点村的农家乐等，重点支持实施"三改一整"工程（即改厨、改厕、改房间、修整院落）项目。

10. 2016 年 8 月 11 日，12 部门联合发布《关于印发乡村旅游扶贫工程行动方案的通知》（简称《通知》）

《通知》强调应该深入实施乡村旅游扶贫工程，充分发挥乡村旅游在精准扶贫、精准脱贫中的重要作用，要求各省、区、市旅游部门牵头，结合实际尽快制定推进落实行动方案的具体举措，确保各项任务落到实处，各有关部门要按照职责分工抓紧制定配套政策，营造良好环境。

11. 2016 年 4 月，农业部发出《农业部办公厅关于开展全国休闲农业和乡村旅游示范县（市、区）创建工作的通知》（简称《通知》）

《通知》指出，各地在创建过程中，要以促进农民就业增收、满足居民休闲消费需求、建设美丽宜居乡村为目标，以规范提升休闲农业和乡村旅游发展为重点，进一步探索发展规律，理清发展思路，明确发展目标，创新体制机制，完善标准体系，优化发展环境，加快培育一批生态环境优、产业优势大、发展势头好、示范带动能力强的全国休闲农业和乡村旅游示范县（市、区），为城乡居民提供看山望水忆乡愁的休闲旅游好去处。

12. 2016 年 1 月 27 日，改革开放以来指导"三农"工作的第 18 份中央一号文件《关于落实发展新理念加快农业现代化 实现全面小康目标的若干意见》发布

文件中第 15 条要求大力发展休闲农业和乡村旅游。依托农村绿水青山、田园风光、乡土文化等资源，大力发展休闲度假、旅游观光、养生养老、创意农业、农耕体验、乡村手工艺等，使之成为繁荣农村、富裕农民的新兴支柱产业。

加强乡村生态环境和文化遗存保护，发展具有历史记忆、地域特点、民族风情的特色小镇，建设一村一品、一村一景、一村一韵的魅力村庄和宜游宜养的森林景区。依据各地具体条件，有规划地开发休闲农庄、乡村酒店、特色民宿、自驾露营、户外运动等乡村休闲度假产品。实施休闲农业和乡村旅游提升工程、振兴中国传统手工艺计划。开展农业文化遗产普查与保护。

支持有条件的地方通过盘活农村闲置房屋、集体建设用地、"四荒地"、可用林场和水面等资产资源发展休闲农业和乡村旅游。将休闲农业和乡村旅游项目建设用地纳入土地利用总体规划和年度计划合理安排。

13. 2016 年 1 月 7 日，国务院正式发布《国务院关于支持沿边重点地区开发开放若干政策措施的意见》（简称《意见》）

《意见》指出提升旅游开放水平，促进边境旅游繁荣发展。加大对边境回迁村（屯）的扶持力度，提高补助标准，鼓励边民自力更生发展生产。以

整村推进为平台，加快改善边境地区贫困村生产生活条件，因人因地施策，对建档立卡贫困人口实施精准扶贫、精准脱贫，对"一方水土养不起一方人"的实施易地扶贫搬迁，对生态特别重要和脆弱的实行生态保护扶贫，使边境地区各族群众与全国人民一道同步进入全面小康社会。

14. 2016年1月，国务院办公厅发布《关于推进农村一二三产业融合发展的指导意见》（国办发〔2015〕93号，简称《意见》）

《意见》特别指出拓展农业多种功能，加强统筹规划，推进农业与旅游、教育、文化、健康养老等产业深度融合。积极发展多种形式的农家乐，提升管理水平和服务质量。建设一批具有历史、地域、民族特点的特色旅游村镇和乡村旅游示范村，有序发展新型乡村旅游休闲产品。鼓励有条件的地区发展智慧乡村游，提高在线营销能力。加强农村传统文化保护，合理开发农业文化遗产，大力推进农耕文化教育进校园，统筹利用现有资源建设农业教育和社会实践基地，引导公众特别是中小学生参与农业科普和农事体验。

15. 2016年12月《教育部等11部门关于推进中小学生研学旅行的意见》（教基一〔2016〕8号，简称《意见》）

《意见》指出："中小学生研学旅行是由教育部门和学校有计划地组织安排，通过集体旅行、集中食宿方式开展的研究性学习和旅行体验相结合的校外教育活动，是学校教育和校外教育衔接的创新形式，是教育教学的重要内容，是综合实践育人的有效途径。"

"各中小学要结合当地实际，把研学旅行纳入学校教育教学计划，与综合实践活动课程统筹考虑，促进研学旅行和学校课程有机融合，要精心设计研学旅行活动课程，做到立意高远、目的明确、活动生动、学习有效，避免'只旅不学'或'只学不旅'现象。学校根据教育教学计划灵活安排研学旅行时间，一般安排在小学四到六年级、初中一到二年级、高中一到二年级，尽量错开旅游高峰期。学校根据学段特点和地域特色，逐步建立小学阶段以乡土乡情为主、初中阶段以县情市情为主、高中阶段以省情国情为主的研学旅行活动课程体系。"

16. 2017年2月《国家发展改革委国家开发银行关于开发性金融支持特色小（城）镇建设促进脱贫攻坚的意见》

文件指出"到2020年，培育1000个左右各具特色、富有活力的休闲旅游、商贸物流、现代制造、教育科技、传统文化、美丽宜居等特色小镇"。

17. 2017年1月农业部《关于2017年农业品牌推进年工作的通知》

"成立农业部农业品牌工作领导小组，统筹协调全国农业品牌工作。进一步明确我国农业品牌的发展方向、工作重点和实现路径。"这说明在国家政府层面上，对品牌的重视达到了前所未有的高度，因此休闲农业将以园区为基础，打造自有品牌，快速发展。

18. 2017 年 5 月国家卫生计生委、发展改革委、财政部、旅游局、中医药局《关于促进健康旅游发展的指导意见》（简称《意见》）

《意见》指出"发展休闲养生服务，依托各地旅游和养生资源，将休闲度假和养生保健、修身养性有机结合，拓展养生保健服务模式，针对不同人群需求特点，打造居住型养生、环境养生、文化养生、调补养生、美食养生、美容养生、运动养生、生态养生以及抗衰老服务和健康养老等一系列旅游产品。"

健康＋旅游，成为一个全新课题，在巨大的市场呼吁下，必将产生一个全新的产业。

大家在新项目的规划中，可以尝试加入健康的元素，甚至直接把健康作为休闲农业的主题，借助健康和旅游两大助力，与传统的休闲农业项目区别化竞争，产生新的营利点。

这些政策措施，为旅游业提供了空前的发展机遇。

二、各省、市知名旅游产品推荐（以河北省为例）

2017 年 3 月 27 日，首届河北"不得不"旅游精品评选结果揭晓。经过业界专家和社会公众的共同投票，评选产生了不得不游的河北十大风景名胜、不得不购的河北十大旅游商品、不得不品的河北十大特色美食、不得不访的河北十大美丽乡村、不得不享的河北十大休闲体验等系列精品，这是设计河北旅游产品时的重要参考。

1. 不得不游的河北十大风景名胜

石家庄西柏坡景区、承德避暑山庄及周围寺庙景区、承德金山岭长城景区、承德塞罕坝国家森林公园景区、秦皇岛山海关老龙头景区、唐山清东陵景区、京西百渡休闲度假区、保定白洋淀景区、邯郸娲皇宫景区、邯郸永年广府古城景区。

2. 不得不购的河北十大旅游商品

藁城宫灯、辛集皮革、丰宁布糊画、蔚县剪纸、唐山骨质瓷、保定古城香业、保定直隶八珍、衡水内画、武强金音乐器、邯郸黑陶。

3. 不得不品的河北十大特色美食

河北驴肉火烧、正定八大碗、石家庄金凤扒鸡、平泉羊汤、张家口莜面、山海关海鲜浑锅、唐山棋子烧饼、香河肉饼、保定直隶官府菜、冀南豆沫。

4. 不得不访的河北十大美丽乡村

井陉于家石头村、隆化七家温泉村、蔚县暖泉古镇、昌黎葡萄小镇、迁安白羊峪村、霸州胜芳古镇、武强周窝音乐小镇、沙河王硇村、邢台县前南峪村、馆陶粮画小镇。

5. 不得不享的河北十大休闲体验

石家庄以岭健康城康养之旅、石家庄白鹿温泉、承德鼎盛王朝实景文化演出、张家口崇礼滑雪、张家口草原天路自驾游、秦皇岛北戴河碧螺塔公园休闲之夜、唐山湾国际旅游岛海岛游、廊坊国安第一城庙会、沧州吴桥杂技、衡水闾里孙敬学堂游学。

2018年1月第二届河北"不得不"旅游精品评选活动评选出了"不得不访的十大特色小镇、不得不住的十大特色酒店、不得不游的十大研学基地、不得不享的十大康养体验、不得不赏的十大旅游节庆"。

6. 不得不访的十大特色小镇

保定世界门窗小镇、邢台清河羊绒小镇、唐山迁西花乡果巷小镇、廊坊安次区第什里风筝小镇、张家口翠云山·奥雪小镇、保定太行水镇、唐山滦州古城小镇、秦皇岛昌黎葡萄小镇、秦皇岛关城小镇、邯郸响堂水镇。

7. 不得不住的十大特色酒店

保定涞源华中假日酒店、唐山国际旅游岛月岛景区华清月府温泉酒店、秦皇岛山海假日酒店、保定白石山舍精品民宿、唐山迁西县万松禅院大酒店、廊坊新绎七修养生酒店、邢台玉泉山康年酒店、邯郸康业酒店、沧州金狮酒店、张家口梦特芳丹假日酒店。

8. 不得不游的十大研学基地

西柏坡纪念馆（传承"两个务必"精神）、李大钊纪念馆及故居（红色文化传承）、涉县一二九师司令部旧址（弘扬一二九师精神）、邢台前南峪抗大陈列馆（弘扬抗大精神）、衡水闾里古镇孙敬学堂（传统礼孝文化传承）、沧州孟村八极拳国际培训中心（发扬中国武术）、唐山开滦国家矿山公园（煤炭科普）、邢台酒文化博览园（体验酿酒文化）、石家庄君乐宝乳业工业旅游区（乳业文化之旅）、唐山启新水泥工业博物馆（水泥工业瑰宝）。

9. 不得不享的十大康养体验

秦皇岛北戴河国际康养中心、石家庄以岭健康城、石家庄国御温泉度假小镇、廊坊日月潭温泉会馆、保定安国数字中药都、承德茅荆坝国家森林公园、保定易水湖养生岛康养小镇、沧州孔献山庄度假村、邢台内丘扁鹊庙中医养生园、定州东胜生态园。

10.不得不赏的十大旅游节庆

沧州吴桥杂技节、中国·汉牡丹文化节、中国廊坊·第什里风筝节、张家口张北草原音乐节、中国·邢台天河山七夕爱情文化节、中国崇礼国际滑雪节、秦皇岛北戴河轮滑节、保定国际空竹艺术节、承德鼎盛皇家灯会、石家庄平山沕沕水冰瀑节。

这些权威发布既有广泛的民众基础，又有行业专家对未来市场的高瞻远瞩，是设计旅游新产品时非常有价值的参考信息。

任务二　旅游市场调查

🔔 任务要求

1.策划、设计市场需求的调查方向并拟定问卷问题，注意各问题之间的相互联系、支持和延伸，为制作市场调查表做好准备工作。

2.请针对旅游产品的分类、形态、特点和设计内容，以及价格档次、营销手段，使用"六个问题"制作出"市场调查表"。

3.以组为单位进行实地的社会和市场调查。

相关分析 ✐

在设计旅游产品之前最重要的工作就是市场调查，只有深入细致地进行市场调查，摸准市场脉搏，找准市场需要，设计出的旅游新产品才能得到市场的认可和接受。

市场调查的方法有很多种，比如座谈会、实地调查、问卷调查等，其中最常用的就是问卷调查法。

一、设计问卷调查表

设计问卷调查表是问卷调查的第一步。设计科学、合理、符合被调查者心理的市场调查表，被调查者乐于配合调查，问卷的回收率高，甚至还能提供超出调查者预期的建议或信息。设计不科学、不合理、违背被调查者心理的市场调查表往往达不到预期的效果。

二、旅游市场问卷调查表常用的"六个问题"

旅游市场调查表必须设计关于出游目的地、出游时间、出游目的、出游时限、出游人数、出游经费的六类核心问题，每类问题都要再设置多个有相互联系、支持和延伸的子问题，以帮助对调查问题的深入了解。

① 您喜欢到什么地方去旅游？（目的地）

② 您准备什么时间去旅游？（出游时间）

③ 您为什么去那儿旅游？（客户需求、可获得的利益、旅游体验等）

④ 您准备去那儿旅游多长时间？（持续时间）

⑤ 这一次和您一起去旅游的人数是多少？（人数、团队规模）

⑥ 您期望得到什么规格、水平的服务？（价格、价值、客户期望）

三、巧妙组织与被调查者沟通的语言

在市场调查过程中，调查人员在与被调查者沟通时，要注意适当的方法和措辞。

调查人员与被调查者沟通，可以通过一定的提问方式，以获取想要知道的信息。在具体沟通过程中，可以采用开放式提问的方法。如，"您对上一次假期出游的印象如何？""过去都是谁为您安排的旅行？"等。有时为了得到有针对性的确切信息，可以采用限制性提问方式，如"您计划在周末动身还是平时动身？"等。

一般情况下，调查人员会把预算问题放到最后提问，因为被调查者对产品和服务感到满意之后，再谈价格和预算问题，能较准确获得被调查者的出游需求。但是，不应问被调查者："您每月有多少收入？"而应问："您一年中有几次出游计划？""准备花多少钱完成您的出游计划？""一日游您能接受的价格大约为多少？""2～3日游您能接受的价格范围为多少？""6～7日游您能接受的价格范围为多少？"这样，你的调查既不让被调查者反感，又为设计新产品了解了多层次的信息。

四、问卷示例

某技术学院大学生旅游市场调查问卷

亲爱的同学：

您好！为了了解大学生旅游市场的情况，针对大学生的各种旅游需求设计出适合我们大学生的新的旅游产品，我们做出了这份调查问卷。希望您对本次调查给出诚恳的意见和建议，谢谢！

1. 您的性别是（　　）。

A. 男　　　　　B. 女

2. 您所在的年级是（　　）。

A. 大一　　　　　　B. 大二　　　　　C. 大三　　　　　D. 大四

3. 您就读的专业是_____。

4. 您喜欢旅游吗？（　　　）

A. 非常喜欢　　　　　　　　　　B. 一般

C. 要看她（他）的想法　　　　　D. 不喜欢

5. 您每年用于旅游的花费大概是多少？（　　　）

A. 200 元以下　　　　　　　　　B. 200～500 元

C. 500～800 元　　　　　　　　D. 800～1500 元

E. 1500 元以上

6. 您目前的旅游经费来源于（　　　）。

A. 父母供给　　　　　　　　　　B. 省吃俭用

C. 打工赚钱　　　　　　　　　　D. 学校奖励

E. 他人赞助　　　　　　　　　　F. 其他

7. 您比较喜欢怎样的出游方式？（　　　）［多选］

A. 和三两好友结伴出游

B. 与不认识的志趣相投的朋友相约出游

C. 与男（女）朋友出游

D. 独自出游

E. 与家人出游

F. 其他

8. 您觉得一起出行旅游的人数多少才是最适合的？（　　　）

A. 5 人以下　　　　　　　　　　B. 5～10 人

C. 10～20 人　　　　　　　　　D. 20～30 人

E. 30 人以上

9. 您最喜欢去旅游的地方是（　　　）。［多选］

A. 名胜古迹　　　　　　　　　　B. 名山大川

C. 园林景区　　　　　　　　　　D. 海滨沙滩

E. 主题乐园　　　　　　　　　　F. 探险

G. 江南古镇　　　　　　　　　　H. 游乐活动

I. 其他

10. 您出游的范围是（　　　）。

A. 周边游　　　　　　　　　　　B. 出省游

C. 您所在省的其他城市　　　　　D. 出境游

E. 其他

11. 下列旅游线路，您认为哪种更好？（　　　）

A. 周游型——游览一系列地区景点组成几日游

B. 逗留型——着重在一个景点游览

C. 其他

12. 您旅游的天数一般是（　　　）。

A. 当天往返　　　　　　　　　　B. 停留两天

C. 三天　　　　　　　　　　　　D. 四天或四天以上

13. 您出游时一般使用什么交通工具？（　　　）

A. 自驾车　　　　　　　　　　　B. 公交车

C. 火车　　　　　　　　　　　　D. 汽车

E. 飞机　　　　　　　　　　　　F. 其他

14. 出游前您都通过哪些渠道了解旅游信息？（　　　）［多选］

A. 到旅行社咨询　　　　　　　　B. 网络搜索

C. 亲朋好友介绍　　　　　　　　D. 校园海报广告宣传

E. 其他

15. 出行旅游前，您最关心出行目的地的哪些信息？（　　　）［多选］

A. 游记攻略　　　　　　　　　　B. 景点点评

C. 旅游新闻　　　　　　　　　　D. 专题特辑

E. 照片/视频　　　　　　　　　　F. 论坛/博客

G. 其他

16. 若有以高校为平台，提供住宿、饮食、学生导游，自定义线路，价格相对低廉，互通校园文化的旅游产品，你的态度是（　　　）。

A. 选择，因为其价格低廉，很自由，适合大学生的需求

B. 考虑，要看看其他方面的因素

C. 抗拒，我不喜欢这种方式的旅游

17. 您去外地旅游最想收获的是（　　　）。

A. 一种旅行体验

B. 旅游目的地的游览

C. 结交新朋友

D. 旅行情缘

E. 其他

谢谢您参与，祝您生活愉快！

任务三　分析旅游市场调查表

🖐 任务要求

1. 依据"调查分析报告"和相关政策的支持力度，预测原有和潜在的旅游需求，选择旅游新产品的旅游目的地。

2. 分析哪些人会选择哪些不同类型的产品？不同类型的产品适合的心理要求和合理价位。

3. 依据各组社会和市场调查得到的信息，写出"社会和市场调查分析报告"。

相关分析 ✎

一、图表表示法

将"市场调查表"收集到的所有信息加以分类，并进行分类分析。如出游欲望分析、出游时间和时限分析、出游目的地分析、出游花费分析等，为了一目了然，将这些数据做成柱状图、饼状图等。

如某技术学院大学生旅游市场调查问卷分析图：

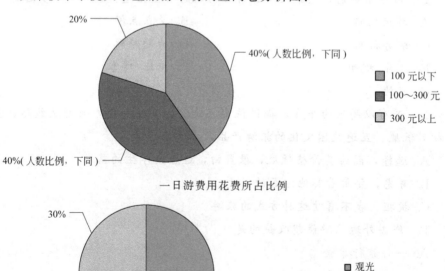

一日游费用花费所占比例

出游的目的

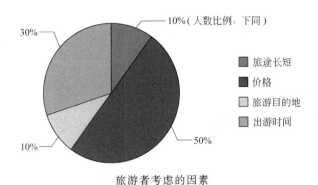

旅游者考虑的因素

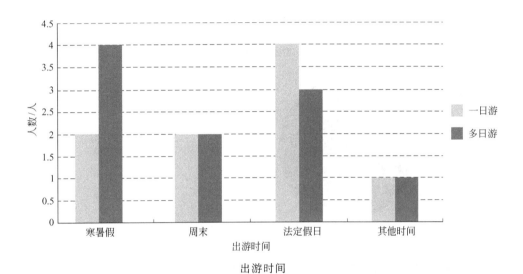

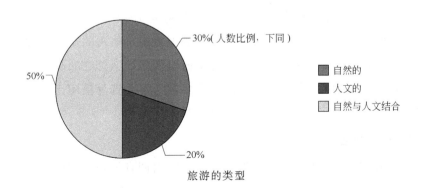

旅游的类型

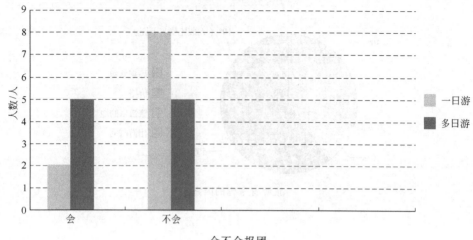

会不会报团

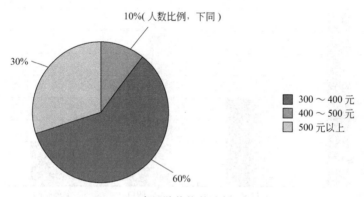

多日游价格的选择

除此之外，不便作图分析的内容可以用文字表述。比如：

调查结果还表明，大部分在校大学生出游的目的以增长见闻、获取知识、放松心情、观光旅游为主。一日游的费用为 100～300 元占多数，多日游价格多数在 500～1000 元。旅游者考虑的因素中价格占的比例最大。一日游出游时间多数选择法定假日，多日游出游时间多数选择在寒暑假。

从调查结果中可以看出在一日游时大多数人不会选择报团出游，而多日游正好相反。旅游资源类型多数选择自然与人文结合。

二、调查报告

根据回收的市场调查表，分类分析后，写出调查报告。例如：

某学院大学生旅游市场调查报告

随着人们生活水平的不断提高，旅游消费变得越来越热，出外旅游已经成为人们生活中必不可少的部分。在旅游群体当中，大学生是整个旅游市场的一个重要而又独立的组成部分。以下是我通过对××学院的同学进行随机抽样调查得出的一些数据和建议。

1. 大学生的旅游意向

在旅游意向上，有接近80％的大学生表示非常喜欢旅游，另外20％的大学生表示一般喜欢。引起这一差异的主要原因可能是由学生的经济条件的差异造成的。而这也与他们支出的旅游费用成正相关，60％的大学生愿意支出500～1000元，35％的同学愿意支出500元以下。几乎没有同学愿意支付1000元以上。因为有80％左右的大学生的生活费是来自家庭资助。

去旅游的目的地主要是名胜古迹、游乐场、海滨沙滩，而纯粹的自然风光欣赏景观不大受大学生的欢迎。出游范围80％是省内其他地区，15％是在学校所在市，另有5％希望出省旅游。出游天数98％都是3天。在调查中还发现，由于不同学校的大学生专业的差异，有些同学是出于专业的目的而选择去旅行，例如旅游管理专业，勘探专业的大学生，他们由于学习目的而选择旅游。

以上调查结果显示由于大学生受到来自学校、家庭、社会的压力，故对旅游的喜爱不同。但大部分人喜欢旅游是来欣赏景观、增长见识，同时金钱是影响着多数大学生出游的主要因素。

2. 大学生的旅游方式

从调查中可以看出，大学生以往出游时，出游方式选择与同学结伴而游的约52％、占大多数，与男（女）友一起的约占21％，数字表明大学生大多数喜欢跟同年龄段的人一起外出旅游，而与家人一起（约6％）和独自一人出游（约21％）也占一定比例。在旅伴的选择上，部分人选择跟男（女）友一起去旅游，这可能是大学生旅游的一大特点。大学生正处于感情萌发的时期，与情侣同游一方面可以体验生活，增进旅游乐趣，共同解决旅途中的困难；另一方面又可以促进双方的了解，培养共同兴趣、增进双方的感情。相反，选择与父母亲人同游的人很少，只占6％，这也表明大学生自主独立的意识在不断增强。

大学生选择旅游地点的因素以及个人消费水平的差异、旅途距离长短、个人爱好等原因，影响大学生选择了不同的出行方式。

3. 大学生了解旅游信息的方式

出游前，大学生都会对旅游信息进行了解，其中到旅行社咨询仅占

2％，网络搜索占 66％，通过亲朋好友介绍的占 22％，还有 10％是通过校园海报广告宣传。

可见大学生喜欢运用身边的资源，运用网络资源，而很少咨询旅行社，主要原因在于旅行社离他们很远，没有合理的引导，没有体验的机会。因此，旅行社在营销过程中应注意网络宣传，还有到学校内设置咨询点。

4. 建议与结论

大学生作为社会的一个特殊群体，具有一定的经济独立能力和自我生活能力，有相对宽松的时间，具有更多的冒险精神和追梦遐想，这些促成了大学生旅游热。由此可见，大学生作为一支旅游生力军的地位确实不容忽视。同时，国内的旅行社竞争非常激烈，但是旅行社确很少有针对大学生设计的旅游产品，这是一个值得关注的问题。如何才能抓住大学生旅游市场呢？

（1）目前在大学生旅游人群中，结伴自助游、班级集体旅游、同学居住地互访旅游，三种形式占了绝大部分比例。在此方面提出社团主题活动与旅游的结合、校际交友与旅游的结合等，亮出独有的模式，吸引大学生群体的试用与体验。

（2）要设计针对大学生的旅游产品。比如说针对学生经济状况，酒店最好是以青年旅馆为代表的廉价旅馆；目的地的选择不要考虑常规的旅游线路；增加班级、支部或社团为单位的团购产品等。

（3）推出大学校园营销活动。旅游网站应该走近校园，通过线下活动，聚焦学生的课余生活，形成精确传播、深度传播，完成自身的营销推广，例如高校旅游线路设计大赛、大学生最喜欢的十大景区评选、校园旅游大使选秀等活动，都可以达到事半功倍的效果。

三、记事法

将回收问卷分析后，以大事记的方式，记录重要内容。

例如：2015 年 3 月，石家庄职业技术学院旅游管理专业 2012 级学生在石家庄市的超市门口、生活小区内、大学校园内和公交车站，共发放、回收了 100 份"市场调查表"。通过问卷分析得知，人们都为自己当年的出游欲望做了安排，有人想去看看革命圣地，缅怀革命先烈；有人想融入大自然中，舒展身心；有人想去冒险，做一次徐霞客，畅游大中华；并且，不同现状背景有着不同的出游需求。如有 63％的公职人员和大、中型企业的员工、学生有参加红色旅游的意向。其中有 85％的人希望在瞻仰革命圣地的同时，还能领略一下当地的自然风光及风土民情；另有 21％ 的人想通过获得奖励旅游的方式去海南度假，好好玩一玩；还有 16％ 的人对历史文化、科技旅游更为向往。

不同的出游需求对旅游产品的要求不同。不同出游需求的旅游者对产品的组织形式、产品档次（价格）标准、产品包含的内容、产品的服务质量等都有各自的标准。如公职人员和大、中型企业的员工对产品的组织形式、产品档次（价格）标准、产品包含的内容、产品的服务质量等要求都很高；学生们对产品包含的内容很重视，同时价廉是他们的共同愿望；而一般大众旅游者更关注产品档次（价格）标准，产品的服务质量。休闲度假的消费者会对产品包含的内容，产品的服务质量更加关注，只要产品包含的内容和服务质量让他们心动，产品价格一般较易接受。

对旅游产品不同的要求会直接限定新产品的行程时间。如公职人员和大、中型企业的员工的团队旅游，74％ 的人选择出行时间为 5～7 天；学生中有 90％ 的人选择出行时间为 3～5 天和一日游。

旅游者对出游行程中食、住、行、游的特别要求。如有 90％ 的人要求行程时间短，游览时间长些；有 54％ 的人说："出去旅游主要是玩好，吃的有地方特色，住的可以差点，但必须随时可以洗澡。"还有 22％ 的人说："我出去旅游就是要好好享受享受，花钱多少不重要，重要的是要有品质保证，不光行程要快，景点有特色，吃、住也要好。"

由此得出以下结论。

① 游览种类　红色旅游、观光游、民俗游、生态游、历史文化游……

② 旅游方式　结伴、团队、自由行……

③ 旅游活动中的要求　经济、安全、舒适。多点自主时间；游不同类型景点；游览时间长短相宜；放松心情，全身心享受，愉快，吃住好……

任务四　新产品策划构思

任务要求

1. 根据本组写出的"市场调查分析报告""旅游新产品预测报告"和收集到的"相关政策"，策划出旅游新产品 N 个系列产品构思框架。

2. 收集各旅游目的地食、住、行、游、购、娱等旅游商品方面的相关信息。

相关分析 🖉

一切新旅游产品的开发，都必须从产生构思开始，一个成功的新产品，首先来自于一个创见性的构思。旅游产品开发构思的主要来源如下。

① 旅游者　按照市场营销的观念，旅游者的需求和欲望是寻找新产品合乎逻辑的起点，企业得以生存和发展的基本条件。

② 中间商　掌握旅游需求的第一手资料，信息灵通。

③ 旅行社员工　直接与旅游者打交道，了解旅游者需求。

④ 竞争对手　他们有许多值得借鉴的地方，从他们身上往往能得到很好的启示。

⑤ 科研院所　人才集中，知识丰富，思维活跃，反应敏捷。

构思最重要的特质是独创性。人无我有，人有我新，人新我奇，只有有独创性，才更有垄断性，只有有垄断性，才更有竞争性。有了大量的构思，以后，要不断地优化构思、筛选构思，这是旅游新产品开发过程中的难点。

一、创意思维在旅游产品开发中的应用

在创意与新颖占主导地位的今天，如何设计好一个让旅游者满意的旅游产品，能让旅游者在游后回忆之余，翻开的不仅仅是那有着记忆的静止相片，更能在品味旅游的同时，对这份游历能产生一股愈久愈醇的记忆，从而变"头回客"为"回头客"，是许多旅行社应该考虑的首要问题。以曾经流行的生日礼物"生日报"为启示，阐述创意思维在旅游产品尤其是旅行社旅游产品开发中的应用。

一提到生日，自然就让人想到蛋糕、卡片和花篮等生日礼物，然而这些司空见惯的生日礼品，在现代形形色色的礼品浪潮中，很难给人留下深刻的记忆，于是"生日报"这种特别而有意义的生日礼品应运而生。所谓"生日报"，是指一份以精美礼盒包装，具有特殊意义的作为朋友、恋人、亲人生日礼物的报纸。这些生日报纸有着以下几种表现形式：送礼对象出生当年当月当日发行的原版当地老报纸；是出生当年当月当日的全国性大报，如《光明日报》《人民日报》等；送礼对象一些重大纪念日如晋升、升学、结婚等纪念日当天发行的原版地方老报纸或者全国性大报。从而让友人等了解出生当天当地以及自己人生的某些重要日子所发生的大事、要事，仿佛一下子回到了他（她）幸福的过去，重温当时的喜悦。

因此生日报以其新颖别致、意义特殊、满足个性需求、永久珍藏的魅力

展现了它作为最特别的生日礼物的个性之处。故以其不可复制性，不可再生性及个性化的特点决定了它在礼品中的独一无二性。因此其独特性和人性化的思维与创意对旅游产品的开发具有启示性的意义。归纳起来有以下几点。

1. 以建设"消费者数据库"为核心——"小题大做"

在旅游产品的实际设计过程中，尤其是相关旅游产品的开发设计中，应结合旅游者个性资料和特征，以消费者数据库为整个产品开发以及市场营销的核心，形成以年龄、籍贯为主的人口统计资料；以性格和心理特征为主的心理统计资料；以消费内容和档次为主的消费记录资料；以顾客价值关注点为主的消费者价值体系资料。进而在这四大统计资料为主的基础上，结合旅游者的兴趣爱好以及相关的其他特征，设计出一整套符合旅游者个性化特色的旅游产品。如旅游者的结婚纪念日、生日以及公司的相关纪念日等，抓住这些题材，"小题大做"。

2. 以"分"与"合"的有效整合为关键——"大题小做"

就是把大题目做成小文章，重视每个细节。也就是把重大的问题当作小事情来处理。

"分"就是将商品设计链适当断化，以具体的表现方式、时间、地点为出发点，从而使服务特色化、有形化、具体化，便于工作的整体落实。"合"就是将具体的商品设计链向上或向下衍生整合，产生以相互关联有效整合为主的产品系列。因此旅游产品整体的设计必须讲究产品的系统性和全面性，在实施和落实的过程中，要学会分解，学会化整为零。将一个整体的产品概念组合成一个个局部的考虑范围，即以地方特色和优秀传统为基础，突破原有的方式，在产品表现形式、时间、地点等方面有意识地不同于原来的表现方式。从而"大题小做"，实现产品设计的"分"与"合"的有效整合。如在前往可进入性较差的旅游景点的行程中，将整个行程进行有效的分解，将沿途经过的一些地名进行深发掘，从地名文化的角度向旅游者讲述该地名的来源以及相关的历史及典故。这样在颠簸的旅途中，既缓解了旅游者的疲劳以及长途乘车的乏味，又能很好地增加目的地的吸引力。

3. 以接触管理和双向沟通为突破——"无题也做"

"无题也做"引申为没有题目做成文章。比喻从平凡中寻找不平凡，在常规中寻找创新，寻找突破口。"接触"的概念就是将品牌、产品和任何市场资讯传给消费者或潜在消费者的过程。接触管理的目的是实现双向沟通。

时间和信息资源的有限性在一定程度上影响着旅游产品设计的时效性、

灵活性以及独特性，而旅游活动又表现为一种流动的过程，滞后于旅游产品设计的存在而存在。在形式上表现为按照既定的合同和路径完成的一种经历，然而现实旅游活动的不可预测性决定着单纯的既定合同和路线已经远远无法满足旅游者的心境和需求。因此有必要在包括活动前、活动后的过程中，不断地通过接触管理，实现双向沟通，从沟通中获取新的信息，临时组织并设计旅游产品，从常规中寻找突破和创新，有意识地"无题也做"，为旅游消费者设计旅游产品。如在旅行社的售后服务中，为旅游者送上一份在整个旅途过程中所拍摄的有关个人、朋友以及重要领导的一些照片所形成的视频光盘，会使相关人士有一种备受尊重的感觉，从而变游客与旅行社之间的"合同关系"为"情感关系"。

二、策划产品构思的资料准备

（1）依据"市场调查分析报告""相关政策""旅游新产品预测报告"进行产品构思。

（2）收集旅游目的地的就餐标准、住宿档次和价格、交通工具标准和价格、特色景区的游览门票价格，以及各旅游目的地城市间交通工具的种类、标准、抵达离开时间和价格等信息。

列出收集到的食、宿、行、游相关费用的参考价（以石家庄到全国著名红色旅游目的地为例）。

a. 交通票价（火车票）

（a）石家庄至西安（延安）：硬卧 207 元/人、硬座 119 元/人，到西安包车到延安。

车次：T231 次，21:37 到石家庄站（注：本书使用的是 2018 年列车班次、时间表及票价信息），21:45 由石家庄开出。到达西安时间是第二天早7:43。返程车次：T232 次，在西安发车时间是 17:38，第二天早 3:14 到达石家庄站。

（b）石家庄至上海：硬卧 296.5 元/人、硬座 173.5 元/人。

车次：K233 次，13:00 由石家庄开出。到达上海时间是第二天早9:23。返程车次：K234 次，在上海发车时间是 11:10，第二天早 6:17 到达石家庄站。

（c）石家庄至遵义（到重庆转车）：硬卧 353 元/人、硬座 206 元/人。

车次：T9 次，17:40 到石家庄站，17:46 由石家庄开出。到达重庆时间是第二天 16:14。返程车次：T10 次，在重庆发车时间是 10:42，第二天

8:25到达石家庄站。

(d) 石家庄至广州：硬卧381元/人、硬座224元/人。

车次：Z89次，16:46由石家庄开出。到达广州时间是第二天12：20。返程车次：Z90次，在广州上车时间是13:50，第二天10:03到达石家庄站。

(e) 石家庄至南昌：硬卧343元/人、硬座201元/人。

车次：T145次，15:29到石家庄站，15:37由石家庄开出。到达南昌时间是第二天10:34。返程车次：T147次，在南昌发车时间是12:10，第二天早7:35到达石家庄站。

(f) 南昌至广州：硬卧232.5元/人、硬座135.5元/人。

车次：T171次，18:35由南昌开出。到达广州时间是第二天7:13。返程车次：T172次，在广州上车时间是18:52，第二天早6:52到达南昌站。

b. 房价　不同地区的饭店房价各不相同，会有一定的差额，询价后才能最终确定相关新产品的房价。

一星级饭店双人标准间：100～160元/（天·间）

二星级饭店双人标准间：120～200元/（天·间）

三星级饭店双人标准间：180～320元/（天·间）

四星级饭店双人标准间：300～860元/（天·间）

五星级饭店双人标准间：660～1600元/（天·间）

c. 餐费　相关新产品的餐费标准需根据新产品的档次计算基本销售价格，但是，餐费的最终确定权应与旅游者协商由旅游者决定。

(a) 种餐标：35元/（人·天）（早餐5元/人，稀饭、馒头、一个鸡蛋、四种小菜或咸菜；中、晚餐各15元/人，十人一桌，四个小凉菜、五个荤菜、五个素菜、一个鸡蛋汤或面片汤等，馒头、花卷、米饭等）。

(b) 种餐标：50元/（人·天）[早餐10元/人，大米稀饭、小米稀饭、牛奶、馒头、花卷、油条、一个鸡蛋、六种小菜或咸菜；中、晚餐各20元/人，十人一桌，八个小凉菜、五个荤菜（必须有一盘红烧肉或蒸肉类菜、有一条鱼）、五个素菜（必须有两盘档次较高的时令蔬菜）、一个鸡蛋汤或面片汤等，馒头、花卷、大饼、米饭等主食]。

(c) 种餐标：70元/（人·天）[早餐10元/人，大米稀饭、小米稀饭、牛奶、馒头、花卷、油条、一个鸡蛋、六种小菜或咸菜；中、晚餐各30元/人，十人一桌，八个小凉菜、六个荤菜（必须有一盘红烧肉、一只鸡或蒸肉类菜、有一条鱼）、四个素菜（必须有两盘档次较高的时令蔬菜）、一个鸡蛋汤或面片汤等，馒头、花卷、大饼、米饭等主食]。

d. 同城市内交通工具

（a）国产带空调大巴旅游车，1000 元/（天·辆）（限每日行程 80 公里）。

（b）进口豪华带空调旅游车，1500 元/（天·辆）（限每日行程 80 公里）。

e. 各旅游景点门票参考价

如：西柏坡纪念馆免费；延安宝塔山免费，壶口瀑布门票 100 元/人（本书采用 2018 年门票价格，仅供参考）；遵义会议会址免费，红军总政治部旧址免费，娄山关免费；广州黄花岗七十二烈士陵园免费，农民讲习所免费，越秀公园免费，中山纪念堂门票 10 元/人，黄埔军校旧址门票免费，白云山门票 5 元/人；南昌八一起义纪念馆门票免费，梅岭门票 50 元/人，滕王阁 50 元/人，东湖、八一公园免费；中国共产党第一次全国代表大会会址免费，宋庆龄故居免费，上海大学免费，东方明珠电视塔第二球加陈列馆门票 135 元/人，世博园 70 元/人等。

f. 综合服务费：按产品档次每人每天收取 10～80 元。

g. 损益额：是对该路线投放预测目标市场，根据需求状况计算出各方案的损益数额（路线设计方案损益分析对比表），将不同方案的损益额代入不同方案报价中。

三、策划产品构思

（一）构思思路

（1）从石家庄出发乘什么样的交通工具到达旅游目的地？若是火车直奔旅游目的地，是选择硬座、硬卧还是软卧？在火车上是提供包餐，还是游客自理？因此，每种不同选择都需要做一个构思。

（2）到了目的地由地接社到车站接站后，是先住店还是先吃饭？这些需要根据火车到站的时间来安排才能合理。

（3）吃什么标准的餐？每人每天 35 元、50 元还是 70 元？每种餐标都做一个安排。

（4）在旅游目的地游览时乘坐什么样的旅游车？进口空调车还是国产冷热风大巴？

（5）住什么标准的饭店？二星级、三星级、四星级还是五星级？

（6）综合服务费怎么收？是多些给游客让利还是为游客提供优价优质的服务？

……

（二）列出各个备选的构思

以上那些旅游商品的项目内容搞清了，不同的产品构思就出来了。

第一个产品构思：旅游者可以乘火车硬卧到达旅游目的地，车上包餐20元/（人·次）；到达旅游目的地后乘坐带有冷热风的国产旅游大巴；在旅游目的地住三星级饭店；在旅游目的地的就餐标准为50元/（人·天）；每天游览的景点数量，根据景点游览面积和游览时间，安排不少于2～5个；旅行社可以向每位旅游者收取综合服务费10元/（人·天）。全程游览活动安排劳逸结合等。

第二个产品构思：旅游者可以乘飞机（经济舱）到达旅游目的地，到达旅游目的地后乘坐带有空调的进口豪华旅游大巴；在旅游目的地住三星级饭店；在旅游目的地的就餐标准为70元/（人·天）；每天游览的景点数量，根据景点游览面积和游览时间，安排1～4个；旅行社可以向每位旅游者收取综合服务费20元/（人·天）。全程游览活动中注重游览时间和质量等。

第三个产品构思：……

以上是设计红色旅游产品的"系列"构思。所谓"系列"，是指产品之间在某几个方面有共同点，而其他方面又有其个性特点。如"五日游系列产品"，就是产品游程均在五日内完成，住宿同条件的饭店（或就餐标准相同，或游览目的地方向相同，或景区游览类型相同等）。但是，游览目的地方向（或住宿不同条件的饭店）、景区类型（或游览目的地方向不相同）、交通工具（或就餐标准不相同）各不相同各有特点，由此组成符合不同游客需求的多个旅游线路的产品，才能被称为"五日游系列产品"。注意：一条"五日游"旅游线路，不能被称为"五日游产品"，更不能被称为"五日游系列产品"，它只是一条"五日游"旅游线路而已。

任务五　可行性分析及实地考察

任务要求

1. 对本组构思出来符合本组"市场调查分析报告"方向的 N 个系列产品进行等级评价和等级系数的计算。

2. 对等级系数在 0.6 以上的备选旅游产品方案，进行"路线设计方案损益分析对比"。

3. 借助等概率法、最大的最小值法、最大的最大值法、乐观系数法对备选出拟开发的"旅游系列产品"中的不少于 4 条旅游路线进行定量分析。

4. 定性分析：从五个方面进行分析论证，并写出可行性论证报告。

相关分析 🖉

构思并不等于方案，构思只有经过专业技术人员的筛选和可行性论证，才能最终确定其价值。

筛选就是旅行社专业技术人员根据直观的经验判断，剔除那些与旅行社的发展目标、业务专长和接待能力等明显不符或不具备可行性的构思，缩小有效构思的范围。筛选构思的目的是尽可能早地发现和放弃错误的构想，以便将目标集中在有开发前途的产品上。旅行社对新产品设想进行筛选时，既要防止对那些好设想的潜在价值估计不足，损失好机会，又要防止误选了缺乏营销前途的设想，以致造成失败。第二步的筛选更具科学性，通常可以对初步筛选出的构思进行等级评定，并根据等级指数的高低，确定可行性论证的顺序。

可行性论证简单地讲就是搜集信息、评价信息和做出判断的过程。从构思到方案拟定的论证过程中，旅行社需要把握的信息主要包括以下几个方面。

一是发展前途方面。包括产品市场的大小、打入市场的可能性、需求的持久性、仿制的困难性和此类产品的发展趋势。

二是销售市场方面。包括产品需求量和需求时间、该产品的销售范围和目标市场、此类产品的销售数量和市场占有率、潜在旅游者数量及旅游者实际购买能力、旅游者对新产品的要求和希望、季节变动对销售的影响、季节变动与旅行社现有产品的关系以及产品的销售渠道等。

三是竞争态势方面。包括生产和销售类似产品的竞争者数量；各竞争对手的销售数量、产品系列、产品的特点及差异程度；各竞争对手采用的竞争策略、手段及其变化情况；竞争对手的市场占有率和价格差；潜在的竞争对手及他们加入该种新产品市场的可能性。

四是价格方面。包括竞争产品价格的变动情况、旅游者对这类产品价格的意见和要求、此类产品的价格弹性等。

五是内部条件。包括旅行社设计新产品所需人、财、物的保证程度；旅行社的信誉与管理水平；所需各种服务设施的供应能力和服务质量等。

一、对所有的产品构思进行评价

将列出备选的每个产品构思，逐一通过评价表评出其评价等级和得分，计算出等级系数。

（一）旅行社产品构思评价表

影响因素	重要性系数	评价等级					得分
		5	4	3	2	1	
销售前景	0.25						
盈利能力	0.25						
竞争能力	0.20						
开发能力	0.20						
资源保障	0.10						
总计	1.00						

1. 第一个产品构思评价表

影响因素	重要性系数	评价等级					得分
		5	4	3	2	1	
销售前景	0.25			√			1.00
盈利能力	0.25			√			0.75
竞争能力	0.20			√			0.6
开发能力	0.20			√			0.8
资源保障	0.10			√			0.4
总计	1.00						3.55

$$等级系数 = \frac{得分总和}{评价等级数量} = \frac{3.55}{5} = 0.71$$

2. 第二个产品构思评价表（见下表）

（二）路线设计方案损益分析对比

等级系数在 0.6 以上的备选产品构思作为拟开发的旅游产品方案。

在本次拟开发的旅游产品方案中，以一个"红色旅游系列产品"为例，该"红色旅游系列产品"中的 4 条旅游路线，以西柏坡（河北）、延安（陕西）、遵义（贵州）、广州（广东）、南昌（江西）、上海等地作为整条红色旅游路线上备选旅游目的地。方案 1 西部连线，方案 2 整个环线，方案 3 单个旅游目的地，方案 4 东部连线。

影响因素	重要性系数	评价等级					得分
		5	4	3	2	1	
销售前景	0.25			√			1.00
盈利能力	0.25			√			0.75
竞争能力	0.20			√			0.6
开发能力	0.20			√			0.6
资源保障	0.10			√			0.4
总计	1.00						3.35

$$等级系数 = \frac{得分总和}{评价等级数量} = \frac{3.35}{5} = 0.67$$

依据"市场调查分析报告""旅游新产品预测报告"和收集到的旅游目的地的就餐标准、住宿档次、交通工具标准、游览门票价格等信息,每个方案有四种产品形式:经济等,双卧标准等,一飞一卧标准等,豪华等。计划经营3~5年。对这4条旅游路线的需求量评估为高、中、低和很低四种情况。计算旅游新产品中每条旅游路线的大约成本,可按一定核算时间(如每周或每月或一个销售季)和市场需求量的高低估算出可预测利润,并填入损益分析对比表内。

先对拟开发的产品设计方案进行"线路设计方案损益分析对比",以增加方案选择的科学性、可靠性,同时,将不同方案的分析结果作为依据进行排序,为销售活动做好铺垫。

线路设计方案损益分析对比表

方案 损益额 需求情况	1	2	3	4
高				
中				
低				
很低				

分析各方案的损益情况

方案3和方案4在不同市场需求量时损益额均为正值,但是方案3中的收益值的四种状态均小于方案4,为了减少定量分析时的工作量,可先将方案3排除。

线路设计方案损益分析对比表

方案 损益额 需求情况	1	2	3	4
高	500	600	350	400
中	400	350	220	250
低	0	−100	50	90
很低	−150	−200	0	50

二、定量分析

从定量分析的角度来看,核心是准确计算各种方案所需成本和将要实现的利润。借助等概率法、最大的最小值法、最大的最大值法、乐观系数法对拟开发的"红色旅游系列产品"中的 4 条旅游路线进行定量分析，并根据等概率法、最大的最小值法、最大的最大值法、乐观系数法计算对比，选择最优方案并进行产品营销排序。

1. 等概率法

等概率法即假定每种市场需求状况发生的概率是相同的。由此可得：

方案 $1 = 1/4 \times (500 + 400 + 0 - 150) = 187.5$

方案 $2 = 1/4 \times (600 + 350 - 100 - 200) = 162.5$

方案 $4 = 1/4 \times (400 + 250 + 90 + 50) = 197.5$

经过比较可以确定，方案 4 最优。

2. 最大的最小值法

根据最大的最小值法，我们首先确定各个方案在不同市场需求状况下的最小收益值，然后在最小收益值中选择收益值最大的方案作为最优方案。由此可得：

方案 $1 = -150$

方案 $2 = -200$

方案 $4 = 50$

经过比较可以确定，方案 4 最优。

3. 最大的最大值法

根据最大的最大值法，我们首先确定各个方案在不同市场需求状况下的最大收益值，然后在最大收益值中选择收益值最大的方案作为最优方案。由此可得：

方案 $1 = 500$

方案 $2 = 600$

方案 $4 = 400$

经过比较可以确定，方案 2 最优。

4. 乐观系数法

在应用方法 2 和方法 3 的过程中，决策者根据自己对未来的判断进行决策，但缺少程度表示。乐观系数法需要设定乐观系数和悲观系数，即 a（$0 \leqslant a \leqslant 1$）为乐观系数，则 $1-a$ 为悲观系数。乐观系数表示最大收益值出现的概率，而悲观系数表示最小收益值出现的概率。当 $a=0$ 时，决策者完全悲观；当 $a=1$ 时，决策者完全乐观。

设 $a=0.2$，则 $1-a=0.8$。由此可得：

方案 $1 = 0.2 \times 500 + 0.8 \times (-150) = -20$

方案 $2 = 0.2 \times 600 + 0.8 \times (-200) = -40$

方案 $4 = 0.2 \times 400 + 0.8 \times 50 = 120$

经过比较可以确定，方案 4 最优。

经过四种定量方法的对比分析，结果是：方案 4 最优，方案 3 次之，方案 1 再次，方案 2 排在第四位考虑。

三、可行性论证

可行性论证是定性分析的一种手段。旅行社准备开发某系列产品时，除了要做定量分析之外，定性分析也是必不可少的。可行性论证要从新产品的发展前途、销售市场、竞争态势、产品价格以及旅行社内部条件五个方面进行定性分析和论证，同时从定性分析的角度来看，旅行社在方案选择过程中还应考虑以下标准。

① 有利于（至少无害于）当地社会经济的发展。

② 有利于占有市场，增加销售。

③ 有利于提高旅行社的竞争能力。

④ 有利于刺激中间商或代理人的销售热情。

⑤ 有利于保证原有产品的正常发展。

四、实地考察

可行性论证做完之后，旅行社要组织设计人员进行实地考察，历经全部行程，站在一个旅游者的角度审视和体验这个产品的吃、住、行、游、购、娱的各个环节，查找问题，进行修改、解决。旅行社认为该产品可以上市销售之前，往往还会邀请拟合作的各地组团旅行社经理或旅行商前来考察体验，根据业界同仁的建议再做进一步修改完善才进入该新产品试销环节。

任务六　确定产品组合

任务要求

为本组设计的旅游产品确定产品组合。

相关分析

旅游产品组合是以旅游者的多种需求为出发点，以提升产品的市场竞争力为目标，围绕不同的旅游主题和旅游类型，对一切关联的优势要素进行整合，以适应不同旅游者的需求。我们通常用产品组合深度、产品组合广度以及产品的关联度来测量产品组合的状况。

旅游产品组合广度是指该产品在横向方面的旅游产品大类的多少。旅游产品组合的广度越大，所经营的项目就越多。旅游产品组合深度是指该产品组合中各个产品大类中所包含的纵向产品内容的多少，以满足更多的细分市场需求。旅游产品组合的关联度是指所经营的各种产品间联系的疏密，这种联系程度一般表现在各要素趋向产品主题的程度。

旅游产品组合的广度、深度和关联度，为旅游产品组合开发提供了基本的框架。如对普洱文化旅游产品采用开放性纵横向组合模式的产品组合模式如下。

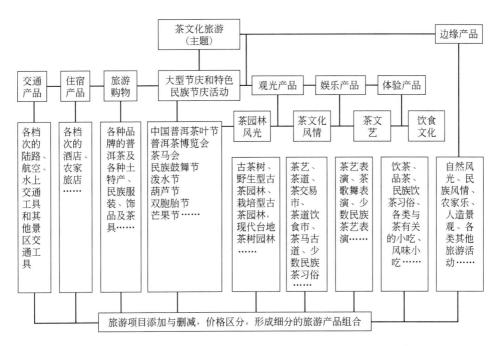

再如，作为河北石家庄的地接旅行社，为更好地招徕外地客源来河北省、来石家庄旅游，要设计出最能反映石家庄特色的"红色旅游""古文化文物游"，以及春夏秋三季的"绿色生态游"和京津冀协同发展的"新石家庄游"的产品组合。

京津冀协同发展的"新石家庄"有：

世界最大的抗生素生产基地——华北制药集团，花园式的污水处理厂；营业额超百亿元的现代商业企业——北人集团；位居国内小商品市场第三位的——南三条、新华集贸市场；市内占地面积最大的公园——龙泉公园；最长的城市水上活动游览水系——亲水观光游憩带（市区民心河、北部太平河、滹沱河和环城水系及其沿岸地区）；最近的城郊野营探险户外活动休闲区——龙泉寺至抱犊寨的山地及山前生态休闲带。

对目标客源的需求进行分析后，为了能向旅游者提供更好更专业的服务，确定产品组合为："红色旅游"/"风光旅游"/"生态旅游"/"历史文化旅游"/"半自助式旅游"产品系列。

任务七　设计产品、确定产品价格

💡 任务要求

1. 以组为单位，对本组选定后的"一日游"和"多日游"系列产品中的最优旅游路线进行报价计算。

2. 编制出最优旅游路线基本游览行程。

3. 为最优旅游路线创作全程导游词。

相关分析 🖉

仍以本次拟定的旅游产品方案中的"红色旅游系列产品"为例。

一、旅游目的地

西柏坡（河北）、延安（陕西）、遵义（贵州）、广州（广东）、南昌（江西）、上海是整条红色旅游路线上的各备选旅游目的地。

还可以对筛选后确定的"红色旅游系列产品"的旅游目的地进一步挖掘可充实、延长路线的潜在旅游目的地。

二、选择地接社

为保证整个旅游产品的质量优秀、稳定，选择备选旅游目的地"国旅"系统的地方旅行社为地接社。

三、确定产品价格

参考前面我们已经收集到的各旅游目的地的食、宿、行、游相关费用的参考价，根据"市场调查分析报告"中不同层次的旅游消费者对食、宿、行、游档次的购买意向，制定不同档次的产品并计算，确定出几套价格方案（可采用"成本加成定价法"并结合其他四种定价策略）。

例1："石家庄至上海一地五日游"（双卧标准等）的报价

（1）往返火车票费（硬卧）

$$296.5 \text{元/人} \times 2 = 593 \text{元/人}$$

（2）上海住两夜［300 元/（天·间）］

$$150 \text{元/人} \times 2 = 300 \text{元/人}$$

（3）只含到上海后的两个早餐、五个正餐，每人每天餐标 50 元（火车上用餐自理）

$$10 \text{元} \times 2 + 20 \text{元} \times 5 = 120 \text{元/人}$$

（4）市内交通费：进口豪华带空调旅游车 1500 元/（天·辆），按 30 人平均，每人每天 50 元；因为，由石家庄到达上海是上午 9:23，当天即开始游览，不需要计入接站费；由上海返程的车次离开上海的时间是11：10，上午游览，中午送站，也不需要计入送站费。

$$50 \text{元} \times 3 \text{天} = 150 \text{元/人}$$

（5）在上海共游览五个景点，游览门票共计

$$205 \text{元} \times 1 \text{人} = 205 \text{元/人}$$

（6）综合服务费（按产品档次每人每天 20 元）

$$20 \text{元} \times 5 \text{天} = 100 \text{元/人}$$

（7）损益额按每人次 50 元（参考路线设计方案损益分析对比表中的损益额）代入报价。

（8）以上合计"石家庄至上海一地五日游"报价：1518 元/人，可使用整数定价策略确定销售价为 1500 元/人。

注：此处全程导游词略去。

例 2："石家庄-南昌-广州东线两地八日游"（双卧标准等）的报价

（1）往返火车票费（硬卧）

$$343 \text{元/人} \times 1 \text{次} + 232.5 \text{元/人} \times 1 \text{次} + 381 \text{元/人} \times 1 \text{次} = 956.5 \text{元/人}$$

（2）房费［南昌住两夜 180 元/（间·天），广州住两夜 200 元/（间·天）］

$$90 \text{元/人} \times 2 \text{夜} + 100 \text{元/人} \times 2 \text{夜} = 380 \text{元/人}$$

（3）餐费［只含到达南昌、广州后的 5 个早餐、9 个正餐（加一次广州风味餐，与正餐差价 5 元/人）（火车上用餐自理）］

$$10 \text{元} \times 5 \text{个} + 20 \text{元} \times 9 \text{个} + 5 \text{元} \times 1 \text{个} = 235 \text{元/人}$$

（4）市内交通费［进口豪华带空调旅游车 1500 元/（天·辆）］，按 30 人平均，每人每天 50 元；因为，由石家庄到达南昌是中午 10:34，当天即开始游览，不需要计入接站费；离开南昌时间是下午 18:35，多半天游览，下午送站，也不需要计入送站费；其次，由南昌到达广州是早晨 7:13，当

天即开始游览，不需要计入接站费；离开广州时间是下午 13：50，上午游览，下午送站，也不需要计入送站费；另外，由广州到达石家庄是上午10：03，可以在火车站散团，不需要计入接站费。

$$50 \text{ 元} \times 6 \text{ 天} = 300 \text{ 元/人}$$

（5）两地共游览约 10 个景点，游览门票共计

$$115 \text{ 元} \times 1 \text{ 人} = 115 \text{ 元/人}$$

（6）综合服务费（按产品档次每人每天 20 元）

$$20 \text{ 元} \times 8 \text{ 天} = 160 \text{ 元/人}$$

（7）损益额按每人次 90 元计算（参考路线设计方案损益分析对比表中的损益额）代入报价。

（8）以上合计"石家庄-南昌-广州东线两地八日游"报价：2236.5 元/人，此时可采用吉祥数字定价策略，可确定销售价为 2258 元/人。

任务八　设计全程导游词

任务要求

为本组设计的旅游产品编写全程游览导游词。

相关分析

导游词就像演员的脚本，脚本为演员提供了表演的广阔天地；而导游词则为导游员提供了导游讲解挥洒自如的广阔平台。导游词创作质量的高低，影响着一个产品旅游资源的质量和开发程度的评价，对一个地区旅游形象的树立也至关重要。怎样才能创作出好的导游词呢？

一、注重选题

在导游词的创作中，首先碰到的就是"写什么""怎么写"的问题。选择什么景观、古迹故事作为写作的对象，它决定着整个创作活动的方向，也在很大程度上决定了对一个产品旅游资源的质量评价。要做好选题工作，应当遵循下面几个原则。

1. 要突出个性

导游词一定要突出所描写景观的个性，即充分揭示其本身独有的、不同于其他任何景观的特色。个性即特色、特点，是独一无二的东西。个性越鲜明，导游词的价值越高。自然景观要突出自然特色，每一个自然景观都有其独特的地方，要准确地把它表达出来，这样才能吸引旅游者。例如，名山各

有其个性：泰山的雄、华山的险、黄山的奇、峨眉山的秀等。一定要深刻地挖掘所要描写的对象本身拥有的个性，决不能停留在泛泛的描述上，如风景秀丽、气候宜人、四季如春、别有洞天等，太一般化，落入俗套。对历史文化遗产类的人文资源，则应尽可能保持其原来的风貌，特别是古建筑与古园林，除审美价值外还具有历史价值，在一定程度上反映了古人的审美意识与生活情趣。如古寺院，不必过多描述山门、大雄宝殿、四大天王等，这些是每个寺院都有的，虽有微小差别，但对于不是研究佛教艺术的一般旅游者而言，他们并不感兴趣。而应着力去发现它与其他寺院不同的，在宗教史上、艺术史上独具特色的地方。

2. 要突出整体

任何一个优秀的景观，不论是自然风光或是名胜古迹，都有其广阔的社会政治背景、深厚的历史文化内涵，它往往是众多景点中最具有特色的珍品。但是，它之所以优秀，绝不是孤立的，一定具有其"众星捧月"的原因。因此，在编写导游词时，不能"就寺论寺""就景写景"，孤零零地描述单个景点，这不但显得单调肤浅，而且也失去由此及彼、以重点带一般的整体性。这一点有两层含义：一是我们产品中的任何一座城市、一个地区、一个景点，无论就时间或空间来说，它总是纵向或横向中的一个局部，一个点；二是虽然它是局部，但是它一定能显示全局的一些共性或特点。我们了解了全局，是为了更好地把握局部，也能更好地讲好局部。如让游客通过参观一座佛寺，不仅得到这座佛寺的一些印象，还应该得到有关中国建筑和中国佛寺的一般知识；参观一座名山，得到有关"仁者乐山，智者乐水"和中国文人士大夫一直把自然山水视为其家园的一般常识。这样，他们的满意度就会提高，对导游员的向心力也会增强。

3. 创新原则

就是要求所选主题有新内容、新见解、新材料、新角度。所要描写的景观，不论是自然景观或人文景观，都有悠久的历史，一般都有着大量的口头流传的故事或丰富的文学材料。尤其重要的是，要努力从新的角度去思考和观察客观世界的对象，或前人虽已有涉猎但尚未充分表现的东西，从而获得新意，这也就是我们经常说的"推陈出新"。

二、力求导游词文本的创新

旅游新产品中涉及的比较成熟的景区（景点），许多已经有了比较现成的导游词。但是，对于不同客源地、不同社会地位、不同年龄结构、不同知识背景的游客，导游词必须有所调整。导游队伍中，关于导游讲解流传着这样的说法：要看对象，定深浅；看要求，定重点；看时间，定长短；看人数，定音量。可见导游员在接团讲解前，应有一个准备阶段，提前做好一些功课。包括：了解游客的客源地、社会地位、年龄结构、知识背景、旅游目的、旅游要求、各旅游景点的游览时间，以及游览人数等方方面面信息。然后针对游客的具体情况、具体要求，重新组织讲解资料，对现有导游词文本进行创新运用。优秀的导游员，能够为不同的旅游团队，提供个性鲜明的服务。

三、切合市场需要、具有时代色彩

导游词创作要求具有鲜明的时代精神，应站在时代的高度去开掘景物的本质意义，不能只囿于写作对象的具体范围，而不顾及社会生活的发展和变化，反映旅游者的需要。例如，历史上温泉曾是旅游的主要对象；后来，人们又喜欢海水和阳光，于是海滨胜地出现了；20 世纪 80 年代，文化旅游日益风行起来，人们喜欢参观文物古迹，为此各国又十分重视文化资源的开发。导游词创作也要特别重视市场需要的变化，随着市场的转移而选择重点目标和题材，要对已不入时的资源做出正确评价，开掘其时代精神，力争恢复其吸引力。同时，导游词也要根据景观的目标市场不同而进行创作。每一个旅游目的地和景观，都有其不同的消费市场，即不同的旅游群，导游词创作要选准自己的听众，有的放矢，才能扣人心弦。

四、不可忽略的沿途导游词

大家都知道，如果想让旅游者踏上行程的第一步就喜欢上这个产品（路线），是不能等旅游者到达游览景点才开始讲解，而应是从上路的第一步介绍了旅行社和自己之后就开始沿途导游讲解。因为在整个游览过程中旅游者至少有三分之一的时间是在途中，途中时间会冲淡旅游者开始旅游之初的激动心情，这么长的行程时间会使旅游者感到乏味。而且有不少景点是需要在前往的途中观远景才能体验到此景之美之奇之壮观，如果只是在进入景点后再进行讲解，就会让旅游者留下"不识庐山真面目，只缘身在此山中"的遗憾。

（一）沿途导游讲解的顺序

沿途导游讲解内容主要是顺着游览的路线以及顺序在旅游车行进的过程

中进行讲解，当车行快到最佳观景距离前（根据车行速度合理安排即可）开始讲解。

讲解时可根据各种具体状况对导游讲解内容进行繁简变更。

（二）主客观因素对沿途导游讲解的影响

1. 主观因素

（1）游客的反应　根据旅游者的种种具体反应调整导游讲解，主要是针对旅游者的兴趣焦点以及好恶爱憎等方面的心理倾向，对讲解内容进行删减或充实，使讲解收到理想效果。

（2）游客的兴趣爱好　游客有不同的兴趣爱好以及不同的心理偏向，导游员要根据这些情况选择使用旅游者最容易理解、接受的讲解内容和语言表达方式。

2. 客观因素

应根据游览的时间长短、不同季节、不同的气候条件以及不同的游览路线等客观因素对成型的导游词进行再加工，使导游讲解更具有适应性。

（1）时间　根据旅游车行时间的长短调整讲解内容的多少，达到详略得当。如车行时间长，可以讲得详细一些，反之讲得简略一些。

（2）路线　根据旅游车行进的具体路线调整讲解内容，也就是说怎么走就怎么讲。车行路线不同，具体的导游讲解内容及景观也不相同。

（3）气候　气候情况的变化会使沿途景观效果也随之改变，如在风和日丽的大晴天看漓江是"奇峰侧影"；阴天时看漓江，漓江与两岸就变成"云雾山中"；若是遇上倾盆大雨，这时的漓江已变成"漓江烟雨"了。因此要根据游览活动当时的天气情况灵活变化讲解。其中，一是针对同一个景观，根据风雨阴晴等不同的天气变化，导游讲解内容要有所变化；二是针对同一个景观，冬天有冬天的说辞，夏天有夏天的讲法，春天突出春天的特点，秋天讲出秋天的个性。

任务九　产品试销、确定销售渠道

🔔 任务要求

以组为单位，为本组设计的最优方案选择并制定销售渠道、促销策略和促销要素。

相关分析 ✍

一、旅游产品试销

旅游产品试销是把一种旅游新产品小批量地投放到经过挑选的、具有代表性的小型市场尝试性销售，试销可达到四个目的：一是了解新产品销路；二是检验市场经营组合策略的优劣；三是发现问题解决问题；四是检验旅游者可能产生的反应。旅游产品试销就是使新产品失败的风险最小化。

在旅游产品试销阶段，旅行社应该特别注意：一是试销的新产品数量以及新产品规模要适中。数量过多集中度下降，规模过大难控制局面。但数量过少、规模过小又很难正确评价试销情况，以偏概全。二是产品试销必须保证质量，无论是购买的食、住、行、游、购、娱的商品质量，还是旅行社提供的旅游服务质量，都不能出现失误和质量问题。在试销中发生失误和质量问题对新产品是致命的伤害。三是要防患于未然，充分估计各种可能的发生，做好补救预案有备无患。四是经过试销证明该产品确实没有销路，切忌勉强投入市场。

新产品试销效果良好，符合预期的要求，就可投放市场。在新产品投放初期，旅行社还应该对新产品定期检查和评价，广泛收集各种反馈信息，以便对该新产品进行必要的修订和改进。

二、销售渠道

旅行社产品的销售渠道又称流通渠道，是指旅行社通过各种方式将产品转移到旅游者手中必经的途径或环节，是旅行社市场营销组合的一个重要因素。它的作用在于方便旅游者及时、便利地购买旅游产品，也有利于旅行社迅速、大量地将产品投放市场。

旅游产品的销售渠道主要包括两大类，即直接销售渠道和间接销售渠道。

销售渠道决策是旅行社面临的最复杂和最富挑战性的决策之一，不同的渠道系统决定不同的销售成本和收益水平。而且，一旦选定了某种渠道，旅行社通常就必须在相当长的一段时期内依从这种渠道。所以，选定的渠道将直接影响旅行社的其他营销和经营决策。

1. 直接销售渠道

直接销售渠道是指旅行社直接将产品销售给旅游者，中间没有介入任何中间环节。直接销售渠道是一种产销结合的销售方式，其优点如下。

　　（1）简便　旅行社在主要客源地区建立销售点、分支机构，直接向旅游者销售其产品，手续简便，易于操作。

　　（2）灵活　旅行社在销售过程中可以随时根据旅游者需求对产品进行改良或开发。

　　（3）及时　旅行社通过直接向旅游者销售产品，可以在最短的时间内将最新产品送到旅游者身边，有利于迅速占领市场。

　　（4）附加值高　旅行社在销售某项产品时可以随机向旅游者推出其他产品，增加产品的附加值。

　　（5）利润大　直接销售避开了中间环节，节省了中间商的手续费等销售费用，增加了旅行社的利润。

　　直接销售渠道的主要不足是覆盖面窄，只适合在本地或其他主要客源地使用，影响力相对较小，由于受财力、人力等因素的限制，中小旅行社难以在所有客源地建立分支机构和销售点，因此在招徕客源方面难免力不从心。

　　直接销售的方式有：人员推销、邮寄销售、门市销售、联合销售、通过旅游展销会与顾客直接签订合同。

　　仍以本次拟定的旅游产品方案中的"红色系列旅游产品"为例，以西柏坡（河北）为旅游目的地营销，利用本社销售网络直接销售。

　　2. 间接销售渠道

　　间接销售渠道是指在旅行社和旅游产品的最终消费者中间介入了中间环节的销售分配系统。间接销售渠道在实际运用中主要包括两种形式。

　　（1）通过零售商或专业媒介向旅游者销售产品。一般情况下，通过这种渠道销售的产品均为包价旅游，这类产品既适合零散旅游者，也适合团体旅游者。

　　（2）通过批发商、经营商或专业媒介向旅游者销售产品。虽然介入了另一中间环节，价格并未增加，因经营商或批发商实力较大，通常可以获得较理想的批量折扣。批发商还可以根据自己的经验和研究，在相关旅游产品基础上进行加工和组合，或加上其他地区和国家的产品。经过这样加工后的产品往往更适合当地旅游者的需要。

　　间接销售渠道中销售环节越多，旅行社控制渠道所需解决的问题就越多，中间商的加价或佣金等会直接导致直观价格的提高，从而降低了市场竞争力。旅行社利用间接渠道大批量销售产品的同时，必然将销售产品的权力部分甚至全部让渡给旅游中间商，这就意味着旅行社将部分丧失对目标市场的控制权。尽管如此，我国许多旅行社在经营入境旅游业务中大多采用间接销售渠道，通过客源国的旅游批发商和经营商向旅游者出售产品。其原因在于：第一，利用中间商可以节省在许多主要客源国和地区建立销售网点的费用；第二，国外的大旅游批发商可以在一定时期内大量购买旅游产品；第三，旅游中间商拥有自己的目标市场，了解当地旅游者的消费心理和需求特点，并可以有针对性地组合产品；第四，由旅游中间商进行的促销宣传，能使当地旅游者放心购买，增加产品的安全感，有利销售。

仍以本次拟定的旅游产品方案中的"红色旅游系列产品"为例，延安等其他旅游目的地可利用地接社的销售网络间接销售。

三、旅游产品的促销

旅游产品的促销是指旅行社通过各种方式和渠道向旅游者和从事旅游招徕业的旅行社介绍本旅行社的产品信息，影响和说服他们购买或推销这些产品的策略和方法。旅行社在市场经营过程中经常面对着广阔的旅游市场和众多的潜在旅游者。为了增加其产品的销售量，旅行社必须将它所生产的各种产品信息用多种有效的传播手段最大限度地告诉公众，通过反复提示和诱导，以引起更多人对这些产品的注意和兴趣，进而产生购买的欲望，以致最后下决心购买。由此可见，产品促销是旅行社的一项重要经营业务。

（一）旅游产品的促销目标

旅游产品的促销目标是指旅行社在一定时期，通过对各种促销要素的有机组合而要达到的总体目标。在旅行社的经营实践中，旅游产品的总体促销目标是确定旅游产品各促销要素目标的依据，同时旅游产品促销的总体目标也是通过各促销要素目标的实现而实现的。

旅游产品在一定时期内的总体促销目标是旅游产品促销策略的基础和核心，因为：目标决定预算；目标决定促销要素的组合策略；目标是评价促销效果的依据。因此，旅游产品的促销目标，不仅成为旅游产品促销策略成败的关键，而且会直接影响旅游产品的市场营销策略。

旅游产品的促销目标一般应符合以下要求：

① 目标必须具体、准确；

② 目标必须量化、可测定；

③ 目标必须现实可行；

④ 各促销要素目标必须协调一致。

一般说来，旅游产品的促销目标可以划分为直接目标和间接目标。

（1）直接目标　　直接目标，是指寻求受众明显行为反应的目标，如提高15％的销售额、增加10％的市场份额等。

（2）间接目标　　间接目标，是不直接导致旅游者行为的目标。如提高产品知名度、改善产品形象、传播知识、改变旅游者态度等。间接目标对旅游者行为可以起到积极的影响和促进作用。

（二）旅游产品的促销要素

旅游产品常用的促销要素有广告、销售推广、直接营销和现场传播等。旅行社可以单独使用某一种方法，或是将几种方法结合起来使用。

1. 媒体广告

媒体广告是通过支付一定的费用将特定的信息传给大众。广告因其媒体不同可分为电视广告、报纸广告、杂志广告、广播广告、户外广告和网络广告等，每种媒体又存在为数众多的载体，如特定的电视节目、杂志等。

不同的媒体具有的特点，如下表所示。

广告媒体	优　点	缺　点
电视	综合视觉、听觉和动作，富有感染力，传播范围广泛，及时、灵活	费用高，时间短，缺乏选择性
报纸	覆盖面广，灵活性强，费用较低	保存性差，内容繁杂，缺少形象表达手段
杂志	对象明确，选择性强，阅读和保存时间长，印刷效果好	传播范围有限，价格偏高，时效性差
广播	传播空间广泛，速度快，地域可选性强	不能持久保存，选择性差，易产生听觉错误
户外	可针对目标市场，视觉效果醒目，展示时间长	时间性差，摆放地点观众选择性差
网络	覆盖面广，传播迅速，费用低廉，具有高度交互性，表现力强，信息可及时反馈	广告点击率较低

目前，我国大部分旅行社主要利用自己的网站和大型的综合门户网站，如中国旅游网、携程网、马蜂窝、途牛等发布企业和产品信息的广告。也有一些旅行社采用电视广告、报纸广告和杂志广告。

仍以本次拟定的旅游产品方案中的"红色旅游系列产品"为例，我们的新产品可选择网络、电视、报纸等对"红色旅游"系列产品进行广泛宣传和介绍，以吸引市场的关注焦点，争取潜在客源。

2. 销售推广

销售推广是旅行社在一定条件下，通过举办竞赛、短期内降价和赠送特殊纪念品等非常规的优惠性促销方式，广泛吸引旅游者的注意，刺激旅游者的购买欲望，提高旅游中间商的产品推销效果以扩大销售为目的的活动。它包括面向旅游中间商的销售推广和面向旅游者的销售推广两类。

销售推广与其他促销方式相比，具有自身的优点：推销效果快而强，可依据产品特点、旅游者心理、营销环境等因素，通过各种方式给旅游者提供特殊的购买机会，具有强烈的吸引力，能及时促成购买行为。但由于旅行社急于推销产品，往往给人以急功近利之感，使旅游者对产品质量、价格等产生怀疑，给旅行社声誉带来负面影响。因此，旅行社应力争避免对同类产品在同一市场环境中频繁使用，应与其他促销方式相互配合、补充使用。

仍以本次拟定的旅游产品方案中的"红色旅游系列产品"为例，我们的新产品可邀请五个省市的旅行社的经理和外联部经理做沿线考察促销。

3. 直接营销

直接营销是指旅行社通过直接接触旅游者或客户来推动产品销售的一种促销方法。所谓客户是指所有可以为推销主体的旅行社提供客源的机构和组织。直接营销包括三种主要形式。

（1）人员推销　是指旅行社委派销售人员直接上门向旅游者或客户推销产品。人员推销是成本最高的推销工具，必须有限度地使用。旅行社的人员推销方法包括人员接触、会议促销和讲座促销。

（2）网络营销　是指旅行社利用自己的网站发布产品信息，客服或销售人员在网络利用微信公众号或 QQ 来与顾客直接沟通，解答疑问，促成销售的方式。

（3）电话营销　是指通过电话直接和旅游者或客户联系的推销方式。电话营销有两种形式：一种是通过 800 等免费电话系统，吸引旅游者或客户使用电话查询或预订产品，但不直接回答对方提出的问题；另一种是由旅行社销售人员在电话里向旅游者介绍旅行社的产品，同时还回答对方提出的问题，引导对方选购旅行社的某些产品。

仍以本次拟定的旅游产品方案中的"红色旅游系列产品"为例，我们的新产品可选派经过培训的导游员直接上门向新、老客户宣传推销"红色旅游"产品组合，取得预定合同。

4. 现场传播

仍以本次拟定的旅游产品方案中的"红色旅游系列产品"为例，我们可将本社在营业厅展示区的三分之二的面积，配合"红色旅游"系列产品组合的需要，展示各地详细文字、图片资料和播放视频，并摆放可供游客自由索取和阅读的手册，争取签订合同。

任务十　销售产品、制定行程

任务要求

1. 以组为单位编制本组最优产品中某条路线的"旅行社旅行日程表"和"旅游团日程活动安排"。

2. 编制"旅行社旅行日程表"和"旅游团日程活动安排"时要注意以下几点：

① 集合时间与离开的启程时间；

② 就餐时间和地点；

③ "旅行社旅行日程表"和"旅游团日程活动安排"的时间必须使用 24 小时制。

相关分析

一、报价与协商

旅行社销售人员通过各自的方式向旅游者（或中间商）推出产品（路线、节目和价格），积极与旅游者沟通了解他们的需求及建议，将他们的需求及建议反馈给设计人员，并根据他们对产品及价格的意见和要求，对产品进行修改。

二、修改与确认

（1）旅行社销售人员根据修改后的产品，编制旅行日程表，并核定修改后的产品价格，将其反馈给旅游者（或中间商），请求再次确认。当旅游者（或中间商）确认购买，向旅行社提供游客名单，确定旅行启程和返程时间，以及所希望乘坐的交通工具（这一步骤有时需要反复多次才能完成），再将确定后的资料重新填入旅行日程表。

（2）在向境外旅游者（或中间商）销售旅游产品时，旅行社在获得客人的最终确认后，应向我国驻外使领馆发出签证通知，客人凭此办理入境签证，并根据旅行社要求按期付款。

三、制作旅行日程表（旅行社）和旅游团日程活动安排（游客）

（1）旅行社销售人员将最终确认的旅游产品路线，制作成一式四份"旅行日程表"（旅行社），一份交给计调部门，一份交给财务部门，一份"旅行日程表"（旅行社）和相关资料移交给接待部门，由接待人员落实具体接待事宜，剩下的一份留底保存。

（2）旅行社销售人员（或由旅行社接待部门的人员）依据编制好的"旅行日程表"（旅行社）中的相关内容为游客编制"旅游团日程活动安排"（游客），届时由接待部门委派的本次旅游团的导游员将"旅游团日程活动安排"交给游客，既达到方便游客能提前了解本次游览活动的具体安排，又可以通过"旅游团日程活动安排"加强游客与接团导游的配合。

旅行社旅行日程表

国（地）别＿＿＿＿＿＿＿＿＿　　合同顺序号＿＿＿＿＿＿

旅游者（团）名称＿＿＿＿＿＿　　旅行者人数＿＿＿＿＿＿

固定线路编号＿＿＿＿＿＿＿＿　　陪同人数＿＿＿＿＿＿

综合服务费标准：每人每天＿＿＿＿＿元（减免＿＿＿＿＿）

天数	日期	星期	车次/航班/及其他交通工具	离开		抵达		城市间交通费及市内交通费	餐费标准	酒店住宿费标准	备注
				时间	城市	时间	城市				
1	月　日										
2	月　日										
3	月　日										
4	月　日										
5	月　日										
6	月　日										

填表人：　　　　综合平衡　　　　财务核算

负责人：　　　　负责人：

仍以本次拟定的旅游产品方案中的"红色旅游系列产品"为例。

例1：　　　　　　　　　　　　**（1）"石家庄-上海一地五日游"**

旅行社旅行日程表（旅行社）

国（地）别：中国石家庄　　　　　　　　合同顺序号：hbsjz10-020

旅游者（团）名称：hbsjzbg10-019-2　　　旅行者人数：30人

固定路线编号：一地游001　　　　　　　陪同人数：1人

综合服务费标准：每人每天20元（减免0）

天数	日期	星期	车次/航班/及其他交通工具	离开		抵达		城市间交通费及市内交通费	餐费标准	酒店住宿费标准	备注
				时间	城市	时间	城市				
1	12月1日	3	K233	13:00	石家庄			296.5元/人			
2	12月2日	4				9:23	上海	市内游览交通费50元/（人·天）	午、晚餐各20元/人	上海国际饭店130元/（人·夜）	东方明珠游览门票135元/人，参观中共一大会议旧址免费
3	12月3日	5					上海	市内游览交通费50元/（人·天）	早餐10元/人，午、晚餐各20元/人	上海国际饭店130元/（人·夜）	上海世博园沙特馆游览门票70元/人，参观宋庆龄故居和上海大学免费。游外滩夜景
4	12月4日	6	K234	11:10	上海			市内游览交通费50元/（人·天）	早餐10元/人，午餐20元/人		上午自由购物
5	12月5日	日				6:17	石家庄	296.5元/人			

填表人：×××　　　综合平衡：×××　　　财务核算：×××

负责人：×××　　　负责人：×××

仍以本次拟定的旅游产品方案中的"红色旅游系列产品"为例。

（2）"石家庄-上海一地五日游"

旅游团日程活动安排（游客）

旅游者（团）名称：hbsjzbg10-019-2

陪同：xxx

第一天（12月1日　星期三）：旅游团12:10在石家庄火车站候车室第四候车大厅集合，乘坐13:00的K233次列车离开石家庄赴上海。

第二天（12月2日　星期四）：9:23到达上海，在上海国际饭店用午餐，午餐后13:20乘旅游车赴"中国共产党第一次全国代表大会"会议旧址，参观游览东方明珠电视塔，18:50在素菜馆吃风味晚餐，晚住上海国际饭店。

第三天（12月3日　星期五）：7:00用早餐，7:40在饭店停车场集合乘旅游车，参观游览宋庆龄故居，上海大学（我党最早的党校）旧址，12:30在上大招待所餐厅用午餐，13:30乘车赴世博园游览沙特馆。18:50在外滩餐厅用晚餐，餐后在外滩观夜景，21:00乘车回上海国际饭店住宿。

　　第四天（12月4日　星期六）：7:30用早餐，自由活动2小时，9:30集合前往上海火车站，乘坐11:10的K234次列车离沪返石。

　　第五天（12月5日　星期日）：6:17到达石家庄。

　　仍以本次拟定的旅游产品方案中的"红色旅游系列产品"为例。

例2：

（1）"石家庄-南昌-广州两地八日游"
旅行社旅行日程表（旅行社）

国（地）别：中国石家庄　　　　　　　　合同顺序号：hbsjz10-56

旅游者（团）名称：hbsjztd10-086　　　旅行者人数：30人

固定路线编号：两地游002　　　　　　　陪同人数：1人

综合服务费标准：每人每天20元（减免0）

天数	日期	星期	车次/航班/及其他交通工具	离开 时间	离开 城市	抵达 时间	抵达 城市	城市间交通费	餐费标准	酒店住宿费标准	备注
1	12月1日	3	T145次	15:37	石家庄			343元/人			
2	12月2日	4				10:34	南昌	市内游览交通费50元/(人·天)	午、晚餐20元×2/人	南昌大饭店90元/(人·夜)	滕王阁游览门票50元/人，纪念广场，长江大桥
3	12月3日	5					南昌	市内游览交通费50元/(人·天)	早餐10元、午、晚餐各20元/人	南昌大饭店90元/(人·夜)	梅岭游览门票50元/人，参观南昌八一起义纪念馆免费
4	12月4日	6	T171次	18:35	南昌			市内游览交通费50元/(人·天)，232.5元/人	早餐10元/人，午餐20元/人		游览东湖、八一公园、自由购物
5	12月5日	日				7:13	广州	市内游览交通费50元/(人·天)	早餐10元/人，午、晚餐各20元/人	花园酒店100元/(人·夜)	中山纪念堂参观门票10元/人，白云山游览门票5元/人，参观黄花岗七十二烈士陵园免费
6	12月6日	1					广州	市内游览交通费50元/(人·天)	早餐10元/人，午餐25元/人（加风味差价5元/人），晚餐20元/人	花园酒店100元/(人·夜)	黄埔军校旧址游览免费，游览越秀公园，观珠江夜景
7	12月7日	2	Z90次	13:50	广州			市内游览交通费50元/(人·天)	早餐10元/人，午餐20元/人		上下九商业街、北京路商业街自由购物
8	12月8日	3				10:03	石家庄	381元/人			

填表人：×××　　　　综合平衡：×××　　　　财务核算：×××

负责人：×××　　　　负责人：×××

仍以本次拟定的旅游产品方案中的"红色系列旅游产品"为例。

（2）"石家庄-南昌-广州东线两地八日游"

旅游团日程活动安排（游客）

旅游者（团）名称：hbsjztd10-086

陪同：×××

第一天（12月1日　星期三）：旅游团14:00在石家庄火车站候车室第四候车大厅集合，乘坐15:37开出的T145次列车离开石家庄赴南昌。

第二天（12月2日　星期四）：10:34到达南昌，住南昌大饭店并用午餐，14:00乘旅游车赴滕王阁、长江大桥、纪念广场参观游览，南昌大饭店用晚餐并住宿。

第三天（12月3日　星期五）：7:00用早餐，7:40在饭店停车场集合乘旅游车，游览梅岭，12:30在梅岭山庄餐厅用午餐，13:30乘车赴南昌八一起义纪念馆和起义总指挥部旧址。19:30乘车回南昌大饭店用晚餐并住宿。

第四天（12月4日　星期六）：7点在饭店用早餐，7:30在饭店停车场集合乘旅游车，游览东湖、八一公园，13:00在东湖餐厅用午餐后自由购物，15:30集合，乘车赴南昌火车站，乘坐18:35的T171次特快列车赴广州。

第五天（12月5日　星期日）：早7:13到达广州。住花园酒店，8点用早餐，8:50在饭店停车场集合乘旅游车游览白云山，12:40在花园餐厅用午餐，14:00点乘车参观中山纪念堂和黄花岗七十二烈士陵园，19:10广州餐厅用晚餐，晚住花园酒店。

第六天（12月6日　星期一）：早7点用早餐，7:50在饭店停车场集合乘旅游车，参观游览黄埔军校旧址，12:20在风味餐厅用午餐，14:00乘车，游览越秀公园，18:40珠江餐厅用晚餐后观珠江夜景，晚住花园酒店。

第七天（12月7日　星期二）：7:30在饭店用早餐，上午去"上下九商业街"和"北京路商业街"自由购物，11:00集中在泮溪酒家用午餐，12:00集中乘车赴广州火车站乘坐13:50的T90次列车离穗返石。

第八天（12月8日　星期三）：10:03到达石家庄。

任务十一　旅行社售后服务

任务要求

为本组的最优产品方案设计出有个性和亲和力的售后服务方式。

相关分析

当旅游者结束旅游活动后，旅行社应向客人继续提供售后服务。售后服务是以加强与客人之间的联系，以及主动帮助解决客人遇到的问题为基础，通过采取多种多样的售后服务方式争取让每一位客人成为忠实的"回头客"。

旅行社只有搞好售后服务，才能巩固和扩大客源；只有客源充足，才能使旅行社在激烈的竞争中求得生存与发展。目前，国内的旅行社已经注意到了售后跟踪服务的重要性，有一些旅行社采取节假日电话、短信、微信问候等方式对客户进行维系，取得了一定的效果。实践证明，优质的销售跟踪服务能提高客户的忠诚度，为旅行社带来大量的回头客。售后沟通的手段如下。

一、向顾客表示感谢

旅游结束后向游客赠送小礼物，是向旅游者表示感谢的一种有效方式；有的旅行社还在年终举办集团客户的答谢晚会。这些手段都能不同程度地提升客户的忠诚度。

二、寻求客户的反馈意见

旅游者的反馈意见，对于旅行社进一步提升服务质量、改进服务细节、减少投诉具有重要的作用。同时旅游者的反馈意见又可形成旅行社开发新的旅游产品的重要创意源泉。

三、处理并解决投诉问题

投诉，是旅行社面临的一个重大课题。防止出现投诉的最好办法就是在向旅游者推销旅游产品的时候，不要过分夸大旅游产品的功能，使旅游者对产品的期望值与产品所能提供的价值保持一致。同时，把旅途中出现的一些特殊情况及时向旅游者通报，如果因不可抗因素导致旅游行程变更，应征求旅游者的同意，并签署同意变更意见书。对于改变行程后与原行程之间的差价予以补偿。

如果已经出现投诉，接待人员应该表现出真正的关心和虚心的态度，耐心地倾听旅游者的投诉意见，让他们充分发泄内心的不满，直至平静下来，无论什么时候，都应该尽可能先接受旅游者的意见，然后再进行公正的解决，承诺一定改进，并可赠送本旅行社的代金券或一些小礼品等。

四、向旅游者提供奖励

促进回头客生意的另一个办法是奖励老客户，各大航空公司实行的 VIP 客户计划，就是为客户提供奖励的充分体现。一些旅行社为经常参加他们奖励旅游计划的企业准备了专门的折扣奖励计划，而且通过向旅游者赠送积分或免费机票等方式，来体现对老客户的重视。

此外，旅行社经常采用的一般性的售后服务方式还有如下几种。

① 在客人旅游返回后的第二天就向客人打电话问候。

② 给每一位旅游返回的客人发出一份印制精美的表示问候的"意见征询单"。

③ 与重要或可能成为"回头客"的客人保持经常性往来和沟通。

④ 将准备促销的旅游目的地的各景区（点）的明信片寄给本社的老客户，或发送电子图片，吸引他们到这些景点游览的欲望。

⑤ 在适当的时候举办"旅游者联谊会"，给旅游者一个"家庭"气氛。

仍以本次"红色旅游系列产品"为例，组团旅行社采用的售后服务方法如下。

① 旅游结束后向游客赠送小礼物，向旅游者表示感谢。

② 给每一位旅游返回一周的客人寄送一份印制精美的表示问候的"意见征询单"。

③ 向重要或可能成为"回头客"的客人写亲笔信，保持亲密往来。

④ 对购买过本旅行社产品的游客进行生日或重大节日的祝贺，使客人感到受重视、受尊重。

⑤ 旅行社在年底举办老游客（当年有两次以上旅游行为的）和团体客户的答谢晚会。

⑥ 将准备促销的旅游目的地的各景区（点）的明信片寄给本社的老客户，吸引他们到这些景点游览的欲望。

任务十二　旅游产品的财务预算及风险控制

任务要求

1. 对本组的最优产品方案设置风险控制标准。

2. 制定本组的最优产品方案在实施活动时的应急预案。

相关分析

一、设置风险控制标准

（一）财务预算

1. 财务预算核算方法

可分为单团核算和批量核算两种方法。

2. 根据出团资料编制统计报表

收入：房费、餐费、交通费、门票、综合服务费等。

支出：各种代收代支的房费、餐费、交通费、门票费、管理费、财务费用、陪同补助、劳务费、宣传费等。

3. 成本计算

成本计算可用分解法、定额法或预算法。

（1）计算本期利润比上期增长

$$本期利润增长额＝本期利润总额－上期利润总额$$

$$利润增长率＝\frac{利润增长额}{上期利润总额}×100\%$$

（2）计算本期计划利润完成情况

$$完成计划百分比＝\frac{本期实际利润总额}{本期计划利润总额}×100\%$$

（3）量、本、利分析法

$$本期销售量＝\frac{固定成本费用总额}{（单位销售价格－单位变动成本）×（1－税率）}$$

$$实现目标利润销售量＝\frac{固定成本费用总额＋目标利润}{（单位销售价格－单位变动成本）×（1－税率）}$$

$$实现目标利润销售收入＝\frac{单位销售价格×（固定成本费用总额＋目标利润）}{（单位销售价格－单位变动成本）×（1－税率）}$$

（4）其他旅游费用的核算

$$房费＝实际用房数×实际过夜数×房价$$

$$餐费＝用餐人数×用餐次数×用餐标准$$

$$接送费＝人数×计价标准$$

费用核算：住宿费、宣传费、陪同费、餐费、交通费、综合服务费、门票、导游费、管理费、劳务费、税金、其他支出。

（二）风险控制

（1）设置风险控制标准　风险控制标准设定从三个方面考虑：

① 市场需求量的变化；

② 所购旅游商品价格的变化；

③ 不可抗事件的出现。

（2）控制目标与实际执行结果之比较。

（3）分析问题、找出原因、纠正措施。

（4）做好应急预案（如安全、价格冲突、环境变化等）。

二、实例

仍以本次"红色旅游系列产品"为例，新产品的风险控制可以通过以下三方面来考虑。

1. 当市场需求量有变化时

所谓旅游需求规律就是指在影响旅游需求量变动的其他因素不变的情况下，旅游需求量与旅游产品价格成反方向变化，旅游价格是影响旅游需求量的基本因素，同时旅游价格是影响人们出游的一个重要因素，当红色旅游产品需求量过大或需求量太小时，我们将通过价格杠杆来调节。

2. 所购物质（旅行社食、住、行、游）价格变化时

当旅行社所购旅游目的地的物质（旅行社食、住、行、游）价格发生变化较小时，以优秀的服务质量协调与价格的均衡；当旅游目的地的物质（旅行社食、住、行、游）价格发生变化较大时，要调整新产品中物质（旅行社食、住、行、游）价格影响较大那部分价格，要做得合理、物有所值。

3. 当有不可抗事件出现时

在《中华人民共和国民法通则》上不可抗力是指"不能预见、不能避免和不能克服的客观情况"。不可抗力主要包括以下几种情形：

① 自然灾害，如台风、洪水、冰雹；

② 政府行为，如征收、征用；

③ 社会异常事件，如罢工、骚乱；

④ 物价行情不稳；

⑤ 激烈行业竞争；

⑥ 流行病、传染病暴发。

在旅游合同履行中如遇到不可抗力因素，导游员应该向组团社或接待社报告，在得到组团社或接待社的同意后，根据具体的指示做好变更工作；如在旅游合同尚未完全履行时，由于客观原因的变化经过旅游者的同意，依照法律规定的条件和程序，可以提前终止合同效力。

三、预防事故的具体措施

（一）旅游者人身安全事故的预防

接团后，了解团队成员的健康状况，对年龄在 60 岁以上的老人和 10 岁以下的儿童给予特殊照顾，以保证他们安全、健康。

1. 掌握好旅游者发病的规律，做好预防工作

（1）提醒旅游者选择舒适、合身的服装，鞋袜软硬适中、大小合适，以免旅行时出现擦伤或挫伤。

（2）根据天气预报，及时提醒游客增减衣服，携带雨具，以免因天气变化引起疾病等。

（3）由于环境改变，水土不服，要提醒游客注意饮食、休息，不喝生水

和不吃不洁之物。

（4）注意观察旅游者的言行举止和面部表情，如有突发疾病及时送往医院。

2. 为防止意外事故的发生，导游员应注意的事项

（1）应与司机密切配合，做到行车时不超车，不超速，不酒后驾车，不开有隐患的车，照顾好司机的生活，让他有充分的休息时间以保持最佳驾驶状态。

（2）如遇恶劣天气，道路不安全，可改变行程，必须把游客的安全放在第一位。

（3）爬高、涉水要提醒团员之间互相扶携，特别是雨天、山路、石阶，要小心，以防跌倒、滑落。

（二）旅游者财产安全事故的预防

为保证游客的财产安全，导游员要做好以下工作。

（1）游览时，提醒游客保管好自己的行李，把贵重物品存入饭店的保管室，单独活动时要加倍小心。

（2）每次的休息和离开，提醒游客不要遗忘东西，导游员应时刻注意四周情况，遇到形迹可疑人物及时提醒大家提高警惕。

（3）出行时清点行李数量，可贴标签，一一登记。离开饭店时，查看且经游客确认后再送上车。

（三）误机（车、船）事件的预防

误机（车、船）事件往往会导致重大的经济损失。要预防此类事件的发生，导游员必须认真核实机票（车票、船票），及时和旅行社的计调和内勤联系，确定时间是否变动，安排充裕的时间去机场（车站、码头），离开前的一段时间不能安排游客自由活动时间。

（四）交通事故的预防

在交通拥挤、时间仓促时，尤其在窄路、山区行车时，在雨雪雾天旅行时，要提醒司机注意交通安全。要阻止司机中途停车搭乘无关人员；遇到不明身份的人拦车时，要提醒司机不要停车。

（五）旅游者越轨行为的预防

导游员应主动给游客介绍中国的法律及相关的注意事项，多做提醒工作，避免旅游者无意越轨。如果是有意越轨，尽量劝阻、制止；制止无效，立即汇报有关部门，协助处理。

（六）处理事故的原则

导游员处理事故时始终要坚持的四原则："宾客至上""服务至上""AIDA""合理而可能"。它既是导游员的服务原则，又是处理各种问题的基本原则。

旅行社产品设计与操作考核

通过完成十二项任务，各组已逐步完成旅行社产品设计与操作策划书文案。这份文案既是本课程的考试试卷，还可以当作本课程结束时的实践活动现场的执行文本。学生将按照选出的最优策划书文案进行现场实施。

文案考核表是任课教师对各组策划方案进行评价打分的依据。

实践活动现场的考核评价表是邀请各门课程的任课教师和部分嘉宾体验学生们设计的旅游产品全过程后给出的现场分数和评价，这两部分的打分表作为每个学生的结课成绩。

考核评分表：

《旅行社产品设计与操作》考核评分表（1）

（策划书编制）

班级组号：

姓名及学号：

项目	细节要求	分值	得分	评论
产品设计原则（30分）	确定旅游目的城市和景点类型符合主题要求，主题明确	6		
	目标市场选择准确，产品档次标准匹配	6		
	行程时长、游览活动和路程设计合理	6		
	产品的性价比合理	6		
	导游词设计重点突出、结构严谨、选词得当、条理清晰、内容新颖、健康、文明、生动幽默、讲解方法技巧运用得当	6		
计算售价（12分）	收集的食、宿、行、游相关信息详细、真实	4		
	食、宿、行、游各项费用计价单位使用正确，计价数量清楚、准确	6		
	售价合理	2		
编制旅行日程表（26分）	表头内容填写准确、完整	5		
	列表项目准确、完整	5		
	表内项目填写清晰、完整、准确	11		
	路线名称明确、备注说明清楚、表底有签字	5		
编制旅游团日程活动安排（14分）	路线名称明确、团号明确	2		
	陪同明确	1		
	旅程中食、住、行、游各段时间表示明确、准确	4		
	游览地点、住宿饭店、就餐地点表述明确	3		
	准确说明交通工具和乘坐时间	3		
	特殊活动有明确说明	1		
策划书写作与编辑（18分）	文案要求：主题明确、重点清晰、文字表述准确流畅、计算准确、表格完整、内容完整	12		
	整体效果要求：完整、美观、流畅、文表齐全、格式正确	6		
总分（100分）		100		

《旅行社产品设计与操作》现场考核表（2）

（现场操作评分）

班级组号：

姓名及学号：

项　目	细 节 要 求	分值	得分	评论
服务规范 （15分）	有迎送、服务热情、周到	3		
	服装得体、礼仪得当	2		
	引导规范、前后有呼应	4		
	导游持旗、持话筒、戴胸卡	2		
	普通话程度	4		
讲解 （35分）	沿途景点讲解节奏把握得当，及时指引观看	8		
	景点讲解重点突出、结构严谨、选词得当、条理清晰、内容新颖、健康、文明、生动幽默、讲解方法技巧运用得当	15		
	讲解时能针对时空和团队规模合理把控讲解的音量、语调	6		
	流畅	6		
综合处理能力 （30分）	乘车途中、停车场	8		
	游览	10		
	就餐	6		
	购物	6		
总体印象 （20分）	总体印象	20		
总分 （100分）		100		

嘉宾教师：　　　　　　　　　　　　　　　　　2018 年　　月　　日

模块四　旅游产品设计案例

任务一　青少年教育旅游产品设计

任务要求

根据青少年的生理、心理特点，为你曾经就读的小学设计一个青少年教育旅游系列新产品（不少于3条旅游路线）。

相关分析

一、明确教育旅游的形式和内容

教育旅游，是以教育或学习为目的的旅游活动，寓教于学于游于乐。包括：国际、国内的教育交流、访问、会议，教师休养度假，学生出入境修学旅游，以及寒暑假期间的各种内容、各种形式的夏（冬）令营、大学学府游、家长携子游（亲子游）、科技旅游、红色旅游、教育考察、文学旅游、国防旅游、科普教育游、景区观光游、教学科研游、书法观赏交流游、农业科技游、民族文化游和校长、教师培训等。

二、调查了解市场需求

据专家调查研究发现当代青少年普遍存在以下心理问题。

① 情绪问题　主要有沮丧、愤怒、恐惧、紧张、抑郁、急躁。

② 意志问题　主要表现为优柔寡断、不能克制自己、缺乏毅力、害怕挫折等。

③ 个性问题　主要有懒惰、依赖、孤僻、任性、自卑、攻击性等。

④ 学习问题　主要有马虎、考试怯场、注意力分散、学习疲劳、不会听课等。

⑤ 交往问题　主要包括以自我为中心、不合群、对抗、嫉妒、斤斤计较等。

青少年学生的问题是学校和家长都想解决的问题，如何通过教育旅游来引导和促进青少年心理素质的提高，激发他们战胜困难和挫折的能力，增强争取胜利的信心，是我们产品设计的关键。比如：通过学名人、进名校等活动，引导学生通过积极主动的探讨，明确学习目的，端正学习态度，掌握科学有效的学习方法，养成良好的学习习惯，正确对待学习中的困难和挫折，帮助学生获得成功，体验成功的喜悦，从而形成坚定的学习信念和旺盛的进取精神。

另外，通过参与科普活动，使青少年认识世界，认识现实。以此逐步形成学生的各种能力，包括认识能力、操作能力、创造能力和社会交往能力等。通过活动中的自助、互助，锻炼青少年的良好心态，注意引导学生设身处地、将心比心，去体验他人的欢乐和痛苦，以培养学生的同情心和正义感，激发自觉的意志行动。提高青少年的日常生活能力，使他们学会更好地尊重他人、理解他人，关心和帮助他人，学会与人合作。这不仅有利于增长知识、增长才干，也有利于身心健康。

三、设计青少年教育旅游产品应注意的问题

1. 行程成人化

从内容上看，目前我国教育旅游产品的主题呈现两极分化的态势。如青少年夏令营产品与成人旅行团别无二致。尽管各大旅行社都大张旗鼓地主推夏令营游，但很多夏令营游实际上只是成人游的"翻版"。一位旅游界人士非常形象地用"穿鞋戴帽"来形容目前某些所谓的"夏令营路线"，这些"夏令营游"只是将以前的成人路线稍加变动，添上一些适合孩子游玩的行程，如北京游加上游览北大、清华等名校，再降低出游条件（如把双飞改为双卧）、降低价格，草草包装一番就美其名曰"某某夏令营游"。

2. 服务质量与宣传不一致

广告宣传存在夸大其词、名不副实的现象。比如某海外英语夏令营产品宣传的是组织学生去加拿大一中学交流访问，学生可以住进当地中学生的家里，和他们一起参加暑期活动，还能参观城里的多处景点。可是实际情况却是参加夏令营的孩子都被安排住进了当地一家中学附近的小旅馆，和中学生面对面地交流成了校园一日游，参观城里的多处景点也变成了随意观街景，交流、访问彻底变成了旅游观光。

3. 安全保障

教育旅游产品中的安全最让家长揪心。由于没有进行精心安排和产品设计，食物中毒、中暑是夏令营中经常发生的事情。在炎热的夏季，孩子们贪食冷饮，再加上某些夏令营为了节约开支，安排的就餐地点并不是旅游局规

定的旅游定点餐厅，就更容易发生以上情况。在很多景点都存在诸多危及孩子人身安全的危险因素，稍不注意就会发生意外。为了保证教育旅游的顺利开展，必须遵循安全第一的原则，制定切实可行的安全保障措施，在活动的每一个环节加强安全预防和保障措施，避免高风险活动项目，配备管理人员及随队医护人员，切记懈怠和侥幸，排除不安全因素。

四、教育旅游产品的发展趋势

成功的教育旅游产品，每个产品都有一个明确的主题，有精心设计的行程，并且游览节奏较慢，时间一般在 7～15 天。在这段时间里，组织者根据孩子的特点，精心设计多个主题供学生选择，如生物、地质、海洋、环境保护等，在时间安排上能做到长短结合，让中小学生在游玩、娱乐中学到知识，使学生在游览的每一天中都能有所收获。这些都将是未来教育旅游产品的发展趋势。

五、教育旅游产品的设计原则

首先，不能以常规旅游代替教育旅游，要围绕素质教育、爱国主义教育和文化学习安排具有教育特色的内容。其次要符合学生特点，寓教于乐，不要搞疲劳战术。再次，要取得教育机构的支持和帮助。最后，突破常规模式，将教育功能镶嵌在旅游过程的每一个环节，从启程开始就应将环保、理财、自理、自立等素质教育贯穿始终。这是对学校教育和家庭教育进行的形式独特的弥补和加强，切忌把主题旅游变相为一般旅游或一味地搞吃苦教育。

六、产品示例

我到北京上大学

第一天：儿时一小步，人生一大步

自古英雄出少年，这回机会来了，不仅要自理、自立地生活，还要争取一定的社会角色！班长？队长？还是……

准备提醒：物品不要带得太多，因为这不是搬家，也不是去住在北京的大街上，所带的物品请参考《营员手册》。

集合出发：无论上车、下车，还是在车厢内，要自觉听从指挥。另外，请珍视这个练习交往能力的绝好机会，鼓足勇气，向你身边的陌生营友主动伸出手去："你好！我叫×××，是××学校××年级的，咱们可以交个朋友吗？"

具体安排：

第二天爱我中华

8:00 在驻地吃早餐。

9:00 整理营务、休息，恢复体力。

11:30 午餐。

13:30 人民大会堂举行开营式

· 人民大会堂领导致辞；

· 营员代表致辞；

· 主办单位致辞；

· 全体营员宣誓；

· 授旗仪式。

14:30 人民英雄纪念碑前留影，天安门广场自由活动。

15:30 我爱北京天安门——登天安门城楼，感受祖国心脏的跳动。

17:30 驻地吃晚餐。

20:00 休息。

第三天 走进清华园

8:00 早餐。

9:30 感受清华园的学海书香。

聆听清华大学教授的谆谆教诲——《清华大学的历史》《清华校门永远为你敞开》。

· 与清华学子对话《梦想成真》《祝你成才》。

· 漫步清华校园。

12:00 午餐。

13:30 游览动物园，看国宝大熊猫、登狮虎山、逛鳄鱼馆、逗短尾猴……

17:00 晚餐。

18:00 清华、北大、师大等著名学府的哥哥、姐姐们在驻地与你畅谈学习。

20:00 休息。

第四天：不到长城非好汉

7:15 红旗飘飘，天安门守望国旗升起。

7:50 早餐。

9:30 放鸽长城，放飞理想，向往和平

· 览万里长城第一雄关——居庸关长城；

· 举办放飞和平鸽活动；

• 举办"不到长城非好汉"签名活动。

12:00 午餐。

13:30 登上毛主席的专机，追随伟人的足迹，梦回开国盛典，参观航空博物馆，了解祖国蓝天伟业的历史风云。

17:30 晚餐。

20:00 休息。

第五天：沐浴北大

7:30 早餐。

9:00 求学北大百年讲堂。北大教授为营员作专题报告——《求学之路》《最美不过师生情》。

与北大学子对话《我的大学》，自由提问、自由对话。

12:00 午餐。

14:00 走进科技殿堂——中国科技馆；从"飞鸟"的尝试到太空舱出现，人类的梦想不断变为现实，但其中的艰辛与苦难需要我们铭记，把永恒的拼搏化作我们坚毅的性格。

17:30 晚餐。

20:00 休息。

第六天：动感之都

7:30 早餐。

9:00 浏览世界现存最大的宫殿建筑群——故宫，绵延千米的金瓦，汇聚千年的文明，忠毅与奸佞在这里交织成一个个生动的故事，上演了一幕幕感人的史剧。让我们在这里一起来上一堂生动的历史课吧。

11:30 品味美式快餐麦当劳。

12:30 游中华第一街——王府井，从如今繁华时尚的街景中，唯一能够找到"王府井"痕迹的，恐怕也只有那商业航母——新东安商场对面的一口井盖了。这口看似普普通通的古井是百余年前王府盛况的历史见证。

14:30 去中央电视塔塔底的太平洋海底世界。漫步海底世界，感受人鲨共舞的惊奇，体验穿梭海底的美妙，这里有憨厚的海龟、狡狯的食人鲳、神奇的海马……一切都超乎人们的想象。

17:00 晚餐。

18:00 "小小旅行家演讲大赛"。

19:30 "飞跃梦想——相约 2018"联欢晚会。

21:00 举行闭营式

·营员代表谈收获；

·辅导员代表谈感受；

·导游员谈体会；

·主办单位领导致辞；

·为优秀营员、才艺营员颁奖。

21:30 休息。

第七天：北京速度

7:30 早餐。

9:00 参观中华世纪坛外景。

9:30 感受北京速度。

为了喜迎奥运，为把首都建设成国际一流的大都市，近几年北京发生了日新月异的变化，两广路的拓宽、轻轨的开通、CBD 的崛起、奥林匹克场馆的规划……乘接待单位指定的车次离京，途中安排"友谊天长地久"交流活动。

第八天：满载而归

一段新的生活结束了，一段更新的生活开始了，但不要忘记我们，你的成长是我们关注的大事，时常把你最近的收获与我们共同分享，将使我们感到无限的幸福，可以是一篇作文、一张照片、一个电话、一声问候……

双飞：3498 元/人。单飞单卧：2980 元/人。

专家点评：

"我到北京上大学"是中国教育旅游产品中可以称得上品牌产品的成功案例。其在活动内容、文字包装、卖点设计、产品系列化等方面，都已经达到了一个相当高的水平。"我到北京上大学"在标准版的基础上，相继形成了高考备战版、非常阅历版，对中国教育旅游产品的标准化起到了很大的推动作用。

任务二　老年旅游产品设计

任务要求

请为本社区或本单位的老干部、老职工等设计一个老年旅游系列新产品（不少于 3 条旅游线路）。

相关分析

我国已经全面跨入老龄国家的行列。快速增多的老年群体产生了巨大、强烈、迫切的消费需求，养老服务、老年旅游、老年用品、老年文化教育等领域迅速发展。"银发产业"正在发展成为国民经济的重要组成部分之一。

考虑旅游业销售淡旺季的特性，开拓"夕阳红"旅游市场，对调节淡旺季波动，提高资源的综合利用率，具有十分重要的意义。在国外，出游的老年人可占到旅游总人数的70%，而我国经常出游的老年人则不足20%，老年旅游的增长前景十分诱人。

现在，老年人大多都有较稳定的退休金收入，他们有钱、有闲暇时间、有消费欲望，但他们的消费理性、服务要求高，根据这些需求，"夕阳红"旅游产品设计中将充分体现以人为本的原则，开发满足老年旅游者特定需求的专项旅游产品，形成真正意义上的老年旅游品牌产品。

一、当前老年旅游产品的现状

中国老年旅游市场的潜力很大，老年人的出游需求非常强劲，但是老年旅游周期长，节奏慢，花钱少；另一方面，做老年旅游业务成本很高（旅游保险高、配备随团保健医生），收费较低，利润空间小，很多旅行社不愿做老年旅游产品。

二、老年旅游产品的发展趋势

旅行社在设计、经营老年旅游产品时应力求主题鲜明、内容充实、线路合理、劳逸适度，符合老年人的生理和心理特点。在整体旅游服务过程中，既提供标准化的服务，又提供个性化的服务，两者结合，体现出具有浓郁人情味的人性化特点。创新产品主要包括：以医疗健身为主要目的的旅游形式；适合老年人的游览娱乐型旅游形式；旅行社与社区联合的社区旅游产品；全新养老理念的老年生态旅游产品，适应老年人兴趣与爱好的知识型旅游产品；以及满足老年人"候鸟"新生活方式的要求，冬夏度假型旅游产品。

对于老年旅游消费者，应当做好理性旅游宣传引导，指导老年旅游消费者签订规范化的旅游合同，合理消费、正确维权。在旅游消费过程中，饮食、住宿、娱乐、乘坐交通工具等要适合老年人的特点，注意劳逸结合，特别是要配备经验丰富的优秀导游员，同时配备随团保健医生。

三、老年旅游产品设计的关键环节

（一）线路设计、项目安排要合理

根据老年人的需求特点，科学设计旅游线路。原则：长短线相结合，以短线为主；大众实惠游和豪华游相结合，以实惠游为主；传统游和特色游相结合，以特色游为主。

在项目设计上，要充分考虑老年人的特定需求。首先，老年人一生经历丰富，往往对一定文化、历史积淀的名胜古迹等感兴趣，寻古者较多。因而，像故宫、名人故居、历史博物馆、近现代遗址/遗迹、人文发祥地等比较适合他们。其次，对于自然景观的选择，要寻找条件适宜的地方，严寒、酷暑都应尽量避免，选择地质地貌景观、海滨海滩、瀑布、湖海，尤其是森林、植物园、野生动植物等景观尤为适宜。例如，安徽省徽州区蜀源村的养生旅游，自 2004 年向上海等大都市推出以来，养生度假的老年人成批来到该村，吃农家饭、住农家小楼，收费不高，服务周到。徽州区蜀源村休闲、养生基地的医疗所，坚持每晚到接待户家中探视每位到该村休闲的老年人，查问身体状况。

（二）要重点强调主题旅游

旅游已经成为当今老人的一项重要休闲方式，目前需求被看好的项目有：寻根访祖游、异地疗养游、体育锻炼游。

另外，还可组织感恩亲情团，即由几名子女陪同一到两位老人同行，这样既可沟通两代人之间的感情，又可在旅游过程中保证对父母的照料，也让子女多了几分安心。

（三）导游员服务要优质

对于老年游客的服务，导游员应倾注更多的情感因素。导游员在提供优质服务的同时，再注入对老年游客的一片关爱，那么这些游客也许就成为旅行社的回头客。这就要求老年旅游团的导游员，不仅要有基本的导游知识和讲解技巧，更要具备一种高度的责任感和良好的职业道德，了解常见病的急救方法。如果有条件，最好配有随团医生，以保证一些突发情况能在最短时间内得到有效解决。当然，还要适应老年旅游的要求，推出相应风格的导游员。例如，青岛市旅游局独辟蹊径，招聘老年导游员，要求是身体健康，文化程度在高中以上，形象气质好，会说标准普通话。招聘老年导游员最看重的就是他们丰富的生活阅历。老年人比年轻人更了解青岛的历史和现状，能把青岛的发展变化过程富有感情地讲给游客。再者，出门旅游的老年人越来越多，老年旅游团在市场中所占的份额亦日益增长。老年导游员与老年游客更有共同话题，更容易沟通。老年导游员主要是在市内带团，如果是去崂山，他们也会再配备一名年轻导游员。

（四）要注重安排食宿、交通和购物

应尽量避免旅游活动行程安排上的不规律性，在行程的住宿安排中，可以选择地处僻静区域的宾馆，只有安全、卫生、舒适，保证老年人休息好，才能缓解一天的疲惫感，使老年人在第二天能够精神饱满地开始新的旅程。

饮食要有规律，注意按老年人的胃肠特点选择食品，一般应以"清淡酥软"为主，遇到有饮食禁忌的顾客，更应特殊照顾。

交通方式上也是如此，以陆路为主，安全舒适是必要保证。

对于购物，可以有针对性地介绍一些如有金婚、银婚意义的纪念品、宝石以及当地的土特产品等。

（五）安全保障

旅游安全对于老年人尤为重要。有调查表明，年龄与安全关注度之间呈正相关关系。旅游者年龄越大，其安全意识越强，对旅游安全的关注也就更强烈。当得知某旅游地不太安全时，老年人往往偏向于取消计划。产生这种现象的主要原因是：相对于其他年龄段的人群，老年人的适应能力低、抵抗力弱、自理能力差。如气候条件的微小变化，就容易让老年游客感冒或者水土不服，甚至旧病复发。因此，体弱多病的老年人要求更为安全舒适的旅游产品，需要更为方便快捷的医疗服务。另外，老年人记忆力下降，健忘，导致老年人在下车、退房或游览途中，常会忘记拿行李或是遗失贵重物品，从而引发财物上的不安全事件。再有，要十分关注安全设施设备完好状态，如客房卫生间内防滑垫、拉杆、扶手等，认真检查防患于未然。

（六）老年旅游的安全防范与保障措施

1. 提高老年游客的旅游安全意识和防范能力

老年游客应从出游前与旅游途中两方面提高安全防范能力。出游前，旅行社应提醒老年游客到医院做全面的健康检查，并将各项检查结果记录在便于随身携带的病历卡上，以便发生旅游安全事故时，旅游地的救援医生能迅速了解老年游客的身体状况，以提供及时准确的医疗服务。此外，老年游客还要向保健医生咨询相关的旅游安全注意事项，做到安全防范工作的有的放矢。

在旅游途中，老年游客要特别注意个人卫生和饮食卫生，谨防病从口入；一旦感到身体不适，立刻告诉导游或游伴，暂停旅游活动，多加休息；若仍感到不适或病情加重，应立刻到当地的医疗机构寻求帮助。

2. 加强旅游企业的安全防范与保障措施

旅行社应加强对企业所有员工——上至总经理，下至普通员工的安全意识培训，并且用制度将安全意识培训的各种形式予以固化。更新安全设施、设备，整个老年旅游的硬件设施，从材质上要有特殊的防滑要求，色调要起到提醒老年人注意的作用。

3. 旅游企业要开发和提供个性化、人性化的老年旅游产品

随着老年旅游市场的迅速发展，小型酒店可向老年旅游酒店转型。老年旅游酒店可针对老年人的生理特点设计客房，针对老年人的饮食特点制作菜肴；对酒店的员工进行培训，让员工对老年人的生理和心理特点有正确的认识，提供人性化的服务，特别是能意识到各种安全隐患，并及时采取有效解决措施；聘请保健医生，提供 24 小时的医疗保健服务，提供各种老年疾病的常用药和急救药，并与附近的大医院保持密切联系。酒店服务要个性化，旅行社服务也需个性化。各地旅行社可在旅游淡季多组织夕阳红旅游团，以其慢节奏的旅游路线和配备随团医生为广大老年旅游者服务，大力开拓老年旅游市场。

4. 完善旅游保险。

这是做好安全事故善后工作、维护老年游客合法权益的保证，也是社会联动系统的基础。

四、旅游产品——疗养型旅游产品

1. 运作特点

将疗养与旅游相结合，尤其适合老年人。

2. 条件要求

疗养地对自然环境要求很高，一般需要空气新鲜、流畅，含有大量负氧离子；光照时间长，紫外线充足；风景秀丽，山水幽静，人口密度低，环境污染少的地区。一些著名的海滨疗养地，如北戴河、海南岛、厦门鼓浪屿等非常适合。内陆地区的昆明、杭州、庐山等都能满足这些条件。另外，各城市附近的森林公园、度假村等也是较为理想的老年旅游目的地。

3. 卖点提炼

① 休闲、健身、娱乐，能满足生理心理的需求。

② 学习养生知识，增加保健意识。

③ 安排体检。

 实例

北戴河健康疗养之旅

第一天：接团，乘车赴北戴河，而后入住宾馆；午餐后安排体检（自费），由主治医师或专家讲解保健养生注意事项，介绍医疗常识和保健治疗方法，使老年朋友得到正确的养生之道；稍事休息之后，赴北戴河海滨浴场自由活动，在海边享受北戴河疗养区宜人的气候，清新的空气。踱步海边，触景生情，让

老年朋友们回忆一起走过的日子……

第二天：早晨观赏北戴河一大胜景——海上浴日（日出），体验毛主席的伟大历史诗篇《浪淘沙·北戴河》的意境；早餐后乘车赴历史名城山海关，游览世外桃源——长寿山风景区，老年朋友可以观赏到悬崖飞瀑、寿字碑林、神医石窟、悬阳洞、摩崖石刻、一线天等景观；下午游览天下第一关和长城博物馆，欣赏明清古戏表演，参观镇东楼和天下第一关巨匾；海边观赏万里长城上唯一的一段海上长城——老龙头外景，领略长城入海披风斩浪的磅礴气势；远望河北省重型企业——山海关造船厂，看万吨级轮船停泊在大海上，正等待着焕然一新，返回大海。晚上在开发区开放广场或人民广场举行广场音乐舞会，让沉重的脚步更加灵活，让不老的心灵更加年轻。

（赠送秦皇岛人民广场、奥体中心外景）

第三天：北戴河空气清新，气候宜人，景色秀丽，且空气中负氧离子含量最高，每立方米达到 4000 个（而正常情况下只有 1700 个）。这里是一个天然的绿色氧吧，是理想的健身之所。早餐后在教练的指导下，老年朋友可以学习、练习太极拳，随后参观北戴河集发生态农业观光园。

观光园坐落在北戴河河畔，分为娱乐休闲区和高科技种植蔬菜区。老年朋友可观赏到"种地不用土，耕作不用锄，西瓜能爬树，蔬菜也上柱"的奇特景观。在这里您可以购买花卉和绿色食品，还可聆听北戴河久远的美丽传说，午餐可安排品尝有特色的农家饭。下午老年朋友可在秦皇岛市旅游纪念品商店选择自己所喜欢的旅游纪念品，结束北戴河疗养之旅（赠送长寿面）。

线路报价：（电话咨询）_____元/人

报价包含：二晚北戴河准二星级饭店住宿；二早五正餐；优秀导游员服务；空调旅游车；景点第一门票。（注明：此景点门票价格为老年半价票，不能提供老年证者需按票面价格补足差额）

任务三　奖励旅游产品设计

🔊 任务要求

2017 年建设银行全体职工努力工作，超额完成工作任务，为了鼓励员工再接再厉，建设银行各省分行都准备组织奖励旅游，请你为你所在省的建设银行设计一个奖励旅游系列新产品（不少于 3 条旅游线路）。

相关分析 ✍

奖励旅游（Incentive Travel）起源于 20 世纪初的美国，现在已在全球范围尤其是北美和欧洲广泛流行，并成为会奖旅游（meeting，incentive，convention and exhibition，MICE）的重要支柱之一。奖励旅游作为一种成熟的高端旅游产品传入亚洲不过 20 多年，在我国，奖励旅游的发展还处于起步阶段，但已呈现出良好的发展前景。

一、奖励旅游的概念

关于什么是奖励旅游，不同的组织机构和学者有着不同的表述但含义大同小异，较具代表性的有：国际奖励旅游协会认为，奖励旅游就是对于达到组织目标要求的参与人员给予一个非比寻常的旅游假期以作为奖励。同时也是大公司安排的以旅游为一种诱因，以开发市场为最终目的的客户邀请团；在迈德利克著的《旅游辞典》中，奖励旅游定义为员工、经销商或代理商们（往往也携带配偶）的一项旅行活动，这一活动的费用由公司支付，作为对已实现其销售或其他目标或卓越业绩的一种奖赏，或者是作为未来实现目标的一种刺激。

二、奖励旅游的特点

奖励旅游属于旅游业的高端产品，通常是企业委托专业操作奖励旅游的旅游业者精心设计、量身定做，与一般旅游相比具有如下特点。

（1）旅游目的的文化性　一般旅游的目的主要是满足旅游者的观光休闲需求，而奖励旅游的目的在于通过旅游活动激发员工的工作热情、增强企业的凝聚力，更重要的是企业还可以通过奖励旅游的活动，宣传企业的文化和特色，从而提升企业的形象和品牌价值。

（2）旅游参加者的精英性　奖励旅游一般用于奖励达到甚至超越公司预定业绩目标的优秀员工，还有一些企业把奖励旅游的对象扩展到为公司业绩做出贡献的供销商和客户，因此奖励旅游不是面向所有员工的福利，只有经过业绩考核达到一定标准的员工、供销商和客户才能参加奖励旅游。

（3）资金来源的特殊性　不同于一般的公司出钱组织员工集体旅游，奖励旅游通常是企业在实现了某个特定目标后，用员工创造出来的超额利润的一部分进行的，现在的研究一般认为，奖励旅游费用约为企业超额利润的30％左右。

（4）旅游产品设计的专业性　奖励旅游是为企业量身定做，通常具有一般旅游享受不到的各种让人惊喜的特殊行程和节目安排，包括颁奖典礼、主题晚会等。

三、我国奖励旅游产品市场分析

我国的奖励旅游可以追溯到 20 世纪八九十年代，当时北戴河等滨海城市曾兴建了一批疗养院，供一些企事业单位人员休闲疗养，但这种休闲距真正的奖励旅游还有一定距离。近十几年来，国内企业开始涉足奖励旅游，尤其是外资企业和一些特殊行业如保险、直销等，同时不少大型国有企业也开始引进奖励旅游这一现代企业管理理念，总的来说，我国的奖励旅游市场起步较晚，但前景看好。

根据奖励旅游的特征及我国奖励旅游市场的发展现状和趋势，我国奖励旅游的开展应重点培育两个市场。一是外资和合资企业。目前已有大量的外资和合资企业进入中国，包括不少世界 500 强企业，这些企业本身就有奖励旅游的需求。二是国内的各种大型企业。国内企业应首先重点在重视个人业绩且高利润的行业推广，如制药、中介、银行、保险、房地产、电信、信息技术和人力密集的制造业等，对具体企业来说，规模越大、制度越健全的企业越需要举办奖励旅游。此外，一些大型的事业单位如高等学校、科研院所等也适合推广奖励旅游这一先进的管理理念。

四、我国奖励旅游产品设计原则

（1）差异性原则　不同企业特色不同，需要展示不同的文化，即使是同一企业每次奖励旅游的主题也不尽相同，因此，必须充分了解企业的特色、背景及需求，遵循差异化原则，对不同企业量身定做奖励旅游产品。

（2）文化性原则　要将企业的文化和理念渗透到整个旅游活动的主题设计、行程安排以至细节安排中，既让活动的参加者感受到至高的荣誉，又能通过旅游活动对外宣传和塑造企业的品牌形象。

（3）专业性原则　奖励旅游是一种专业性非常强的旅游产品，其旅游行程和活动项目的设计都需要高度专业化，才能使奖励旅游顺利实施。比如当高端客户乘专机抵达目的地，必须提前办理专机入境、机场降落等相关手续，还要考虑接机地点等细节。只有将专业化落实到每一个细节，才能真正达到预期奖励旅游的效果。

五、奖励旅游产品设计方法

作为一种独特的高端旅游产品，奖励旅游产品从创意到实施，都需要周密专业且独出心裁的设计和策划。

1. 前期调查分析

前期调查分析是设计奖励旅游产品的基础和依据，调查的内容是收集委托企业的相关材料，如企业的背景、文化、财力、举办奖励旅游的目的、以往奖励旅游的状况，包括举办次数、规模、后期效果等，还有受奖励人员的具体情况，以确定什么奖励最适合也最能激励他们，在对委托企业进行了准确细致的评估与分析后，才能确立奖励旅游的主题、活动项目等。

2. 主题的设定

主题是一次成功的奖励旅游的灵魂，它决定了整个奖励旅游项目策划的创意、方案等要素，使整个项目的各要素有机地统一在一起成为一个完整的产品。主题策划是奖励旅游开发的关键，应根据本次奖励旅游的目的和其他收集的素材提炼与确定出创新性的主题，主题应内涵丰富、概念独特、切合企业需求且易于操作，具有挑战性和刺激性的主题尤其受到企业的欢迎，如探险旅游、极限旅游等。

深圳新景界商务旅行有限公司曾策划"2006媒企精英世界屋脊览胜之旅"以"超越梦想挑战极限"为主题；"中国银行2005世界之巅越野行"以"实现穿越世界之巅的梦想"为主题；"中行云南丽江高尔夫之旅"将中行的优秀员工带到云南丽江感受亚洲唯一的雪山高尔夫的贵族式体验，这一系列的奖励旅游都取得了巨大的成功。美国的Pan Pacific公司和Carlson marketing worldwide公司2007年为IBM技术团队联合策划的"完美悉尼——IBM技术精英探索之旅"，以富于创意而独特的悉尼探索之旅让参与的销售精英们获得极大的惊喜并为之折服。

3. 旅游目的地的选择

旅游目的地的选择主要考虑如下因素：目的地是否具备一流的商务环境，是否有独具魅力的游览胜地，是否有高水准的娱乐休闲项目，当地政府及旅游局的态度及协调能力。另一方面还要考虑企业的受奖员工曾到过什么地方？期待去什么地方？此外，按国际流行趋势，奖励旅游目的地多选在国外，这样可借此感受异国文化、开拓员工的眼界，如夏威夷就一直是世界奖励旅游最佳目的地的首选。

在综合以上因素的基础上列出可供选择的候选目的地，收集相关材料并进行实地考察，最后征求企业意见，确定目的地。

4. 参与人数设计

目前很多企业一次奖励旅游活动的参加人数大多比较庞大，少则数百人，多则数千人。如美国健康营养品公司康宝莱几年前在新加坡举办的一次奖励旅游活动，参团人数达到了一万两千多名。从实际操作来看，奖励旅游团的人数越多，涉及的问题如交通、安全、卫生、住宿等问题也就越多。另一方面，很多活动的安排，都必须要求是小规模团体，才能让参与者获得特别的体验。

美国大型食品连锁集团 Harris Teeter 公司为褒奖最优秀的雇员，曾委托梦幻意大利旅游公司安排一次奖励旅游——意大利葡萄酒之旅，HT 公司原本准备的奖励旅行人数是 500 人，但如此大规模的团队很难真正体验葡萄酒之旅的美妙，难以针对受奖励员工做到量身设计的特殊旅行，不能让每一位团员的体验终生难忘。因此梦幻意大利旅游公司在接到客户意向后，进行估量商议，最后拒绝了大团队订单，劝说 HT 老板从原有 500 人的团队中精选出 30 名最优秀者，参加这次深度的醉酒之旅。最后，这一次旅游成为所有团员铭记一生的旅游体验，并且从行程结束的那天，团员就开始期待着下次旅行。

5. 行程及活动设计

英国奖励旅游公司总经理约翰·劳逊先生曾谈到"奖励旅游作为一种创造性旅游活动，它创造了与众不同的东西，给参与者一生留下值得回味的经历"。因此，在奖励旅游产品的设计中，别具一格、具有创意与竞争力的行程及活动是奖励旅游成功的关键。

线路设计包括以下内容：设计具体路线、计划活动日程、选择交通方式、安排住宿餐饮、留出购物时间、策划娱乐活动。

行程及活动的设计，主要考虑以下因素。

第一，目的地有哪些旅游资源，可以提供哪些服务及项目。

第二，企业的经费预算。

第三，根据受奖人员的职业、爱好、年龄、性别等，设计一些受奖人员能积极参与的团体性较强的活动，如探险旅游等。

第四，根据企业的特别要求及本次奖励旅游的主题安排相应的特殊活动，包括会议、培训、颁奖典礼和主题宴会等。

第五，住宿餐饮和交通工具的选择一般以高规格、豪华型为标准。如澳大利亚旅游目的地管理公司设计的奖励旅游产品中安排了如下既具参与性又具创造性的旅游项目：生存者活动、海滩奥运会、有解说的自行车赛、卡丁车驰骋、崖壁速降、激流漂流等，还设计了攀登悉尼大桥的独具特色的活动；瑞士商务旅行服务公司推出的奖励旅游项目包括：热气球、乘直升机飞越日内瓦湖或阿尔卑斯山、山谷漂流、徒步跨越冰河等，这些项目的设计对培养企业员工的团队精神都大有裨益。

在 RT 公司为法国 Orang 公司策划的一次奖励旅游活动中，受奖者（经销商中的业绩突出者）享受了巴巴多斯岛 5 日游的美妙行程。岛上的几天时间内，RT 公司不仅安排了吉普车野游、直升机观景和木筏航行等日间活动，此外还有私人海滩 party 在内的夜间活动。精彩的行程使此次奖励活动取得了巨大的成功，其后新经销商纷纷加入，使 Orang 公司的入网率上升了 30%。

中国国旅总社会议奖励旅游部在巴黎为国内某知名保险公司精心安排了一次大型奖励旅游，国旅会奖结合客户企业文化，中国传统和巴黎当地风情，为客户在行程中特别策划了几个大型主题活动，如盛大的拉丁天堂欢迎晚宴、隆重的颁奖大会和奔放浪漫的塞纳河游船庆功主题晚会。颁奖大会在巴黎国际会议中心举办，中国驻法大使夫人亲临现场致欢迎辞，热情洋溢的演讲令客人体验到身为中国人的自豪。还特别邀请到了著名女歌星 Cecilia Cara，现场演绎《罗密欧与朱丽叶》中最具影响力的歌曲，美妙的歌喉让全场观众听得如痴如醉。活动安排得到了所有与会客人的一致好评，有客人称这次奖励旅游让他们在巴黎找到了家的感觉。

6. 其他

在经费预算方面，应对奖励旅游产品的销售额、成本、利润进行分析，根据企业能承担并愿意承担的费用，调整旅游活动及项目，使奖励旅游产品既满足企业要求又能使操作的旅行社获得一定收益。

在奖励旅游的总体设计中，还有许多服务细节需要考虑，比如，为奖励旅游团印制标有公司名称的标贴、帽子、文化衫等，根据参加人员的具体情况安排飞机、晚宴和颁奖大会的座位表等。

任务四　女性旅游产品设计与操作

任务要求

请为北京某高校获得上年度考核优秀的 50 名女教师设计一个以女性和奖励为主题的旅游系列新产品（不少于 3 条旅游线路）。

相关分析

随着女性社会地位、受教育程度和就业率的提高以及家庭可支配收入的明显增加，女性外出度假和旅游率呈直线上升趋势。女性旅游市场不仅是个现实的市场，而且是个巨大的潜力市场。旅游消费已成为女性生活中最重要的支出项目之一，女性旅游者开始成为许多国家和地区旅游部门和旅游企业关注的市场。当前在我国女性旅游者表现为：出游次数持续递增、消费水平显著提高、旅游观念开放度增大、对旅游安全更加关注等不同于以往的特征，这些消费特征给我国旅游业的发展带来了机遇和挑战，因此各旅行社应该高度关注女性旅游产品的设计。

一、现代女性旅游特征

（一）出游欲望更强烈，出游动机趋于一致

在当今，我国女性的出游欲望逐渐强烈，旅游动机比较集中于放松、享受和自我的提升等方面。出现这一特征源于以下几个方面。

1. 压力释放

我国现代女性尤其是职业女性承受的生活压力比男性大，她们在生活中得扮演女强人、好太太、好女儿和好妈妈的多重角色。伴随着工作与生活节奏的加快，传统观念与现代理念的冲撞、家庭角色与事业要求的诸多不一致使得担任多重（或更多重）角色的女性所承受的压力越来越大，精神和心理上容易产生高度紧张和倦怠，她们需要通过旅游来暂时逃离现实、放松身心、减轻压力。

2. 经济地位上升，经济自主支配

改革开放以来，我国成功的女性创业者、女企业家层出不穷。据中国女企业家协会调研发现，我国女性企业家人数目前已达 2000 多万，占中国企业家总数的 20%，她们个人拥有的资产从几百万至几百个亿不等（如中国张茵就拥有 270 亿的资产），而个体和私营经济中女企业家已占到企业家总数的 41%，整体盈利面在 96% 以上。《中国女企业家生存报告》显示：从事批发贸易和餐饮业的女企业家比男企业家多 16.6%，从事社会服务业的女企业家比男企业家多 3.4%，从事房地产的女企业家比男企业家多 2.2%。这些成功的女性已成为女性旅游大军中的高端旅游消费者。此外，我国女性就业率的普遍上升和工资的普遍上涨也表明了我国众多女性在经济地位上日渐独立。因此，女性不仅拥有了更多可自由支配的收入，而且对家庭经济收入的支配权也在日益增大。

女性经济地位的上升，经济自主、支配能力提升，是使女性的旅游欲望得以实现的保证。

3. 主体意识增强，注重自我享受与实现

随着社会分工与合作的普及，以及各种先进设备进入家庭，女性逐渐摆脱了繁重的家务劳动；教育的普及也使得女性的文化素质得到了很大的提升。在越来越广阔的社会发展空间里,我国女性在为社会做出巨大贡献的同时,也渐渐得到社会的承认、尊重,女性逐渐感受到自己的社会价值和能力的同时,产生了自尊、自强、自我实现的需要。女性开始注重并通过满足自己的各项需求来实现自我,开始关注自我形象的提升和自身素质的提高。用于服饰、休闲旅游、美容美体、参加学习培训等自我实现和自我发展方面的消费也逐渐增加。以上这些因素都激发了女性的出游欲望并使之不断增强。由"华坤女性调查中心"完成的一项专门针对我国城市女性的调查显示,关于"有了余钱要往哪花?"这一问题,选择"旅游"的比例最高,占28.23%,其次为"保健",占27.54%,选"文化教育"占20.83%,其他依次为"美容""娱乐""时装"。

（二）出游人数增加,女性旅游普及化

随着女性就业率的上升、女性经济独立、家政社会化、家庭小型化及女性在家庭中角色的转变、传统观念的改变等原因使越来越多的女性拥有足够的可自由支配的收入和闲暇的时间从事旅游休闲活动。

（三）出游形式趋于多样,女性成为家庭旅游主角

越来越多热衷于旅游消费的女性,她们具有不同的性格、兴趣、爱好,处于不同的经济背景、家庭生命周期和职业。因此,女性旅游者在出游方式上表现出多样性特征。在我国女性中,相当数量的传统女性由于生理上和心理上的特点,陌生的旅游环境、社会治安等安全问题都可能让她们望而却步,因此这些女性往往偏向于以团体的形式出游以增加旅行过程中的心理安全系数。但是,不少受教育程度较高、思想独立开放的年轻女性更偏好于自助游和自驾游。一方面,自助游花费相对较低,自主性和自由度更大,可以根据女性的需要自由安排自己的行程。女性"驴友"增长的现象充分说明,自助游在逐步瓜分传统女性组团出游市场。另外,随着购车女性的增加,自驾游的女性也在不断增加。此外,一些工作比较忙,又热爱家庭生活的女性则比较倾向与自己的儿女、父母等出游,以此来弥补平时对自己亲人的照顾不周,同时也增加与亲人的感情沟通。在以家庭形式出游中,女性在决定旅游目的地、旅游消费、旅游形式等方面起着主角作用。

女性经济的到来使得女性旅游主体成分越来越复杂,不同年龄、职业、收入的女性逐渐进入旅游消费大军中,显现出很大的市场潜力,这也在一定程度上预示着女性旅游市场细分的必要性。

（四）出游安全有忧虑,安全认知在增强

随着女性旅游者旅游消费观念的开放,涉足赌场、酒吧等娱乐休闲活动

的女性旅游者数量不断增加，而这些娱乐休闲活动的性质、参与动机以及环境等因素会给女性旅游者的活动带来安全隐患。随着女性旅游者旅游经验的积累、搜索信息能力的增强以及对旅游安全的关注，我国女性旅游者的安全认知也在不断增强，对旅游目的地、旅游过程的安全问题越来越重视。这一矛盾在一定程度上制约着我国女性旅游市场潜力的发挥，也敦促我国旅游企业对旅游安全保障体系的建立和旅游行政管理部门对安全管理的立法和制度的完善。

二、女性旅游市场细分

"女性经济"带来了女性旅游者主体构成的大众化，旅游不再是白领女性、年轻女性的专利，各年龄、各种职业、各个工薪阶层的女性都加入到女性旅游者的队伍。由于所受教育程度、兴趣和爱好等方面的差异，女性旅游者表现出不同的消费偏好。旅行社面临这一日益庞大的、多元的女性旅游市场，进行必要的市场细分才能满足不同的需求。我国女性旅游市场可以按年龄、按收入或者按家庭生命周期进行如下的市场细分。

三种不同类型的女性旅游市场细分及其旅游消费偏好

类型	细分市场	旅游消费偏好
按年龄	女学生（以大学生为主）	经济、知识、新鲜
	中青年女性	时尚、放松、炫耀
	中老年女性	品位、情感、放松
	老年女性	交流、安全、享受
按收入	高收入女性	享受、显示、放松
	中等收入女性	休闲、放松、经济
	低收入女性	经济、放松、新鲜
按家庭生命周期	单身未婚女性	时尚、享受、刺激
	已婚无子女女性	浪漫、情感、享受
	已婚有子女女性	经济、家庭、放松
	"空巢期"女性	交流、享受、安全

除了处于不同年龄阶段、经济背景、家庭生命周期的女性具有不同的旅游消费特征和偏好外，不同地区的女性也有不同的旅游偏好，例如，北京女性比较偏重美容健身、化妆品、文化教育消费，上海女性则较为注重在人际关系、休闲娱乐、服务等方面的消费，而广州年轻女性在服装鞋帽和首饰方面消费较为偏爱。因此，我国各旅行社应该做好女性旅游市场的细分并结合

自身的特点和优势找准市场定位，才能有针对性地向目标市场提供其所需的旅游产品，从而获得市场份额。

三、女性旅游产品设计

根据上表所示不同年龄段女性市场消费偏好，我们对各细分市场的女性旅游产品设计提出以下建议。

（一）女大学生旅游产品

大学生处于校园向社会过渡的亚社会生活状态，大学生处于特殊的心理阶段，有其特殊的心理特征及行为方式。在大学生出游目的中，女生在调节精神、观赏风景、娱乐购物以及开眼界、长见识上的比率明显要高于男生。女生拥有较多的闲暇时间，有比男生更强烈的追求浪漫、自由及体验的心理需要，但其经济尚未独立，因此她们偏好于山水风光、文物古迹、民俗风情等，喜欢自由度较大、能灵活安排又经济实惠的自助式旅游。针对女大学生旅游者以上旅游消费特征与偏好，可以推出以下专线。

（1）针对学生假期集中、时间长、相对固定的特点，可推出假期游、夏令营、国庆游、五一游、双休日游等。

（2）针对女大学生旅游者的旅游动机，可推出自然观光科普类、人文历史体验类、互动益智类等旅游线路或产品来满足学生的学习生活、增强团队精神、竞技精神等旅游目的。

（3）针对女大学生的出游方式偏好，推出以班级、团队形式为主的自助游或以女生为主题的女生团队游。

（4）针对消费方式，采用变通的方式改变传统的奖学金模式，使奖励旅游和奖学金相结合，更能激发优秀学生的自豪感和团队归属感。

（二）中青年女性旅游产品

针对中青年女性喜欢购物、美容、美体等消费偏好和追求时尚的消费心理，可以设计以下一些旅游产品或线路来迎合和满足她们的旅游需求。

1. 购物专线旅游产品

针对中青年女性旅游者的购物特点，可以推出到某些饰品和服装比较发达城市的"购物专线游"，并安排形象设计人员在旅行途中教女性旅游者如何为自己搭配服装、配饰、首饰等专业知识，使女性旅游者不仅可以了解并购买目前国际上流行的服饰，还可以通过参加这种线路使自己的形象通过专业人员的设计得到美化和提升，为她们在生活、工作的合适着装提供帮助和指导。

2. 美容美体旅游产品

旅行社可以推出以下一些线路：生态美容游，比如黄山风景区空气负氧离子含量比城市高 10～20 倍，而且空气水分含量高、对皮肤有很好的保养功效，是一座"天然美容院"；温泉美容游（包含 SPA），例如 2015 年广东某旅行社在"三八节"的广告中将 SPA 美容券作为赠品送给游客，从而赢得了广大女性游客的欢心。此外，各地相关企业和单位还可以专门针对中青年女性设立一些形体塑造馆、美体休闲会所、健身俱乐部、养神美体中心等来满足中年女性旅游者对美体和休闲的需求。

（三）中老年女性旅游产品

从整体上看，中老年女性旅游消费者主要有四方面的消费特点：一是经济比较宽裕，但追求经济实惠；二是体力尚且可支，关注健康问题；三是注重情感交流；四是比较热衷购物。

根据中老年女性旅游者以上消费特征，可以设计出以下一些产品。

1. 经济型包价旅游

针对中老年女性注重情感交流的特点，推出经济实惠的家庭游、夫妻游、母女游、金银铜婚游等小团体包价旅游产品。

2. 中老年女性购物专线游

目前，我国老年人口占总人口 10.2％以上，人口老龄化速度逐渐加快，而老年产业却刚起步，例如我国专门针对中老年女性的服装市场就存在着服装货源少、款式少、规格型号少、选购空间小等问题，不能满足中老年女性的需求。因此，旅行社可以专门组织中老年女性到一些服装业发达的城市以满足她们的购衣需求。

3. 营养保健专题旅游产品

大部分中老年女性开始进入"空巢"家庭生活，而且随着年龄的增长，患骨质疏松症、高血脂、心脑血管病、妇科恶性肿瘤等疾病的概率大大增加，而中老年女性每天吸收到 50 毫克左右的大豆异黄酮便可有效地发挥疗效。针对此情况，旅行社可以推出豆制品美食专线游等养身保健旅游线路，各地酒店和餐馆也可以推出专门针对中老年女性朋友的营养保健餐来满足其养身、保健的消费需求。

（四）老年女性旅游产品

老年女性一般具有足够的经济能力、充裕的休闲时间、较强的出游欲望，尤其是城市里文化程度较高的老年人及沿海经济较发达的乡村老年人。据上海市总工会、上海退休职工管理委员会所属上海市退休职工活动中心进行的"上海退休职工基本情况及精神文化生活需求"的调查表明：在退休职工精神文化需求的各项选择中，旅游活动是上海退休职工的共同爱好，有相当一部分老年人想在自己身体健康，尚能走得动的时候外出旅游，看一看自己为之奋斗了几十年的祖国的大好河山，看一看改革开放后的城乡变化，乃至看一看国外精彩的世界。因此，相关旅游企业可向老年女性推出以下旅游产品。

（1）避寒旅游产品　针对老年女性怕冷的特点，我国亚热带旅游城市如三亚、广州等可以向北方寒冷地带的老年女性推出避寒旅游产品。

（2）金银婚纪念游　很多老年女性比男性更有补偿消费动机，因此，金（银）婚纪念游可以补偿老年人年轻结婚时没有"蜜月旅行"的遗憾，形成"金（银）婚蜜月旅行"老年之旅。

（3）医疗保健旅游　针对老年人注重身体健康的心理向其推出中医康复旅游、气功保健旅游等医疗保健旅游。

《中国人口统计年鉴2017》数据显示，我国女性寿命平均比男性长3年，在全国60岁以上的老年人口中，丧偶女性人数是男性的两倍多。因此，随着人口老龄化的到来与加剧，单身老年女性数量在增加，有关旅游企业应该针对这个特殊女性群体设计出一些适合她们需求的旅游产品。

四、女性旅游产品的推广

（一）推广策略

女性旅游产品的推广促销可以采取以下策略。

1. 送达式广告策略

利用女性易受暗示的心理特点，较多使用电视、网络、杂志、广播等广告媒体把旅游产品的相关信息提前传达给女性旅游者。电视广告和网络广告是女性获得商品信息的主要渠道，调查数据显示，女性通过电视广告了解所需商品信息中选率高达46.5%。而且电视广告可以弥补旅游产品无形性特点，让女性旅游者提前感受到旅游产品，从而促使女性做出购买决策。另外，各种女性杂志、女性读物、旅游杂志也有很好的促销效果。

2. 感情促销

感情促销是企业将促销手段人性化、感情化，通过激发女性情感共鸣，从而影响女性旅游者的态度，达到购买目的的一种促销策略。从心理学角度上看，女性比男性更具感情化，对女性旅游者进行感情促销有利于刺激女性旅游者消费。因此，旅行社在促销中应以关心女性旅游者为目的，使用亲切的语言，通过提供热情、细心、体贴的服务，让女性旅游者感到被关怀与关注，通过传递的优质服务的信息让女性产生情感共鸣而做出购买决策。

3. 折扣策略

女性多为经济型消费者，价格需求弹性较大，而且对价格的刺激较为敏感，并善于对刺激产生反应。据调查，有 56％的女性会因打折和降价的刺激而购买不需要或不打算购买的商品。因此，旅行社可以灵活应用数量折扣、季节折扣等价格折扣促销方式，刺激追求经济实惠的女性旅游者产生购买行为。也可以采用送赠品、买一送一、抽奖等实惠性促销方式，刺激女性对该活动产生好感和反应，进而产生消费欲望和购买动机。

（二）推广时机

由于不同时期的女性对旅游需求略有差异。因此，女性旅游产品的推出必须选择适当的时机。

（1）利用节假日，充分挖掘我国的节假日资源。由于女性感情细腻、情感丰富，对节假日的重视程度往往高于男性。因此，我国各旅游企业和旅行社应该充分利用女性的节假日情结，适时推出符合女性需求的旅游产品。比如，可以在母亲节期间推出"母女赏花游""感谢母亲游""外婆家之旅"等母女旅行线路，酒店则可以推出"母女情感套餐"等节假日情结产品。

（2）利用异域文化，开发西方节假日资源。随着我国女性文化水平和自身素质的提升，越来越多的女性开始对异域文化感兴趣，各旅行社和其他相关企业可以针对女性这一特点在圣诞节、万圣节、复活节、感恩节等西方节假日推出一系列相关的产品，使得女性旅游者通过西方节假日旅游活动了解和认识西方节日的文化和相关知识，在休闲娱乐的同时达到扩大视野、丰富知识的目的。

（3）利用大型赛事，推出女性休闲产品。利用一些大型赛事期间男性因沉迷于赛事而往往冷落了女性的现象，推出女性休闲产品，帮助她们渡过寂寞的时光。例如，2006 年世界杯期间，德国、瑞士、阿根廷等一些国家的旅游企业便推出了专门针对女性的休闲产品，如前往曼谷、普吉和清迈的旅游线路，包括按摩服务或水疗服务的 4 天巴厘岛旅行等，反应和收益都很好。

（三）关注女性旅游产品的安全

首先，要处理好公共安全问题。近年来欧美各地不断发生的恐怖袭击事件，国内个别地区出现的暴雨冲走游客等事件，使得我国不少女性对一些地区的旅游产生排斥和恐惧心理，影响其旅游消费决策与购买行为。因此，我国应该根据世界旅游组织发布的《世界旅游危机管理指南》建立危机管理体制，来增强女性旅游者的安全感。

其次，要重视女性旅游安全管理。我国相关安全管理部门应对女性旅游者的安全问题引起关注，通过建章立法来保证女性旅游者的安全。旅游企业要关注和重视女性旅游产品的安全保障，在住宿、餐饮、娱乐等各项旅游接待服务设施中应针对女性的特点补充一些必要的设施、设备并建立相关制度，以满足女性旅游者在心理、生理等各方面的安全需求。

最后，应加强女性旅游者的安全意识。由于我国女性旅游市场刚起步，绝大多数女性旅游者的旅游经验欠缺、自我保护能力和防范能力较差，因此，旅行社、酒店等应通过相应的手段来提高女性旅游者的安全意识，女性自身也要自觉增强安全意识和自我保护能力。

实例

东京 4 日自由行（欢乐购物行）　成人：￥4880 元起

预订城市：国内　北京市	
行程天数：4 天	路线类型：出境自由行
发团日期：2018 年 5 月 11 日发团	报名日期：发团前 6 天
往返交通：双飞往返	
旅游喜好：购物　品质　自由行	
途经景区：东京浅草雷门观音寺/二重桥	

路线特色：

• 品质体验：银座 5 星级 PARK 酒店，连住三晚。

• 赠送机场至酒店往返巴士券。

• 诚意保障：五星级的品质，三星级的价格。

行程推荐：

第 1 天：北京—东京

乘机飞往东京，抵达成田国际机场办理入境手续。抵达成田之后，前往东京市内，入住东京市内繁华街酒店。

第 2 天：东京

全天悠闲享受自由假期，建议游览项目。

1. 东京迪士尼乐园［价格：8500 日元/人（约人民币 670 元），含迪士尼乐园通票、巴士接送费用，不含午、晚餐］（6 小时左右）。

2. 超值东京湾游船套餐，参考价格：8500 日元/人，乘坐水上巴士游览东京湾，台场下船，游览时间 30 分钟左右，台场游览自由女神像，丰田未来汽车展览馆。中午在海滨太阳楼享用丰盛的自助午餐。后乘坐无人驾驶海鸥号眺望东京迷人街景。

全程共计 6 小时左右，参加人数低于 10 人时交通工具改为乘电车。

有意参加者请向当地导游咨询详情。

第 3 天：东京

全天休闲享受自由假期，建议游览项目。

1. 东京时尚购物游　银座/新宿/池袋/涩谷/表参道（参考价 3000 日元/人，交通工具为电车）（6 小时左右）。

2. 富士山、箱根一日游，参观富士山五合目（40 分钟），于富士山御殿场奥特莱斯享受自由购物（2 小时左右）。

全程共计 6 小时左右，参考价 12500 日元/人，参加人数不足 10 人自动取消。

有意参加者请向当地导游咨询详情。

第 4 天：东京—北京

早餐后酒店集合，乘车去秋叶原东京电器街购物（60 分钟），浅草雷门观音寺（仲见世商业街）（40 分钟左右），游览皇居（二重桥）（30 分钟左右）。后乘车前往成田国际机场，机场免税店尽情购物后乘机返回北京，结束愉快的日本之旅！

参考航班时间：CA 926 15:15～18:40

费用包含：旅游签证费、团队经济舱国际机票（不得退票、改期、签转）、往返机场建设费、行程中所列酒店为高级酒店标准双人间、行程中所列餐食（餐费不用时无退费发生）、导游、景点门票费用以及旅行社责任险。

费用不包含：中国国内交通等国内费用、护照费、自费项目、单房差、司机与导游小费（200 元/人）、国际旅游险（30 元/人）、航空保险（20 元/人）、个人消费以及其他人力不可抗因素产生的费用。

参加须知：

签证所需资料：

① 有效期在半年以上的护照；

② 2 张 2 寸白底彩色近期照片；

③ 本人身份证复印件及全家户口本复印件（含户口本首页）；

④ 个人资料表（我公司提供）；

⑤ 公司营业执照副本复印件加盖红章、在职证明（公司抬头纸并加盖公司公章）/退休证原件/学生证原件；

⑥ 资产证明（五万元存款证明原件、房产证复印件、行驶本复印件）。

任务五　国内观光旅游产品设计

🌙 任务要求

请为你所在城市的普通游客设计一个物美价廉适合春季观光的旅游系列新产品（不少于3条旅游线路）。

相关分析 ✍

观光旅游是旅游的一项最基本的活动内容。如观赏异国异地的风景名胜、人文古迹、城市美景及其风土人情等。旅游者通过观光游览可达到改变常居环境、开阔眼界、增长见识、陶冶性情、怡悦心情、鉴赏大自然造化之美、享受现代化城市生活的情趣以及满足异地购物等多方面的需求和目的。这种基本的旅游方式，在今后一定时期内仍将继续占据重要地位。在不少国家，"观光"（sightseeing）一词即游览或旅游的同义词，观光者（sightseer）即旅游者。日本所称"观光地理"通常亦译作"旅游地理"。

我国历史悠久、自然和人文旅游资源丰富，加之改革开放初期便以开发观光旅游产品为重点，因而就目前来看，传统的观光旅游是我国发展历史最悠久、产品最为丰富和成熟、占市场份额最高的旅游形式。其主要组成部分旅游景区的开发模式是资源导向型，有的景区直接将原始资源作为游览项目，在游览过程中，旅游者经历的主要是美学体验。但由于极少接触当地居民、地方民俗文化，旅游者通常无法体验资源的生态和历史价值。

一、观光旅游产品行程设计的基本原则

一个成功的观光旅游产品行程应包含旅游中的每个要素，涉及地接社、批发商、组团社及旅游要素提供商等一系列的企业。旅游服务过程中任何一个服务要素表现不好，都会影响到旅游者良好旅游体验效果的形成。因此，确保包价观光旅游产品行程中每个服务环节的高水准，是旅行社在产品设计和履行服务过程中，所应遵循的基本原则。

1. 行程中一定要包括旅游目的地的主要旅游吸引物

观光旅游产品行程的核心是对旅游者产生吸引力，导致其产生旅游动机

的旅游景点。因此，对于核心旅游吸引物（景点）的安排，是最重要的。

2. 游客的期望值（期望得到的价值）

游客一般会把包价观光旅游的价格和单项价格进行对比，以证实他们是否得到了超值的服务。他们还会对比各个要素的服务质量，对旅游产品作出一个整体性的心理评估。因此，游客对于行程安排中免费、赠送的项目，还是会表现出强烈兴趣的。

3. 游客的期望值和服务的一致性

观光旅游产品中各旅游要素的安排，应该达到产品说明书或销售人员对游客描述的标准，达到游客对该产品的期望值，保证行程的合理性，对各种意外情况做好充分的思想准备，尽量帮助顾客获得满意的旅游体验。

4. 为顾客提供惊喜服务或额外利益

目前，在国内市场上比较受欢迎的包价观光旅游产品，都开始在做如何给顾客提供一些惊喜服务和额外利益的文章了。有的旅行社为了提高游客的旅游体验，加强与组团伙伴的合作关系，在旅游结束时，赠送一些地方特产或小礼品，都收到了很好的效果。

5. 注重服务细节

一个安排妥善的观光旅游产品，需要根据客人的需求设计很多关键性的服务细节，为部分有特殊需求的游客提供个性化的服务，这已经成为旅行社提高服务质量和顾客满意度的重要手段。

6. 保证经营利润

目前，国内一些旅行社为了抢占市场，违反旅游法的规定，不惜零团费或负团费接团，将利润来源寄托于增加自费景点，或者购物商店给的佣金，使游客的观光之旅演变成了购物之旅。这是有悖于旅游市场发展规律的，也是违法行为。因此，要设计、开发一个成功的观光旅游产品，保证企业正常的盈利，是必须首先要考虑的关键因素。

二、观光旅游产品设计的关键环节

观光旅游产品设计一般都包括：住宿、餐饮、观光景点、特色旅游购物店，以及旅游目的地的交通、娱乐、导游服务、旅游客源地至目的地的往返交通等服务要素。在产品设计过程中，应该特别重视下列关键环节。

1. 产品组合的协调性

针对旅游目的地的旅游形象，尽量选取和目的地形象一致的著名旅游吸引物，不要在历史文化占据主导基调的产品中安排很现代的节目，这会破坏整个产品给游客带来的旅游体验。

2. 顾客的类型和需求

在销售过程中，将报名参加旅游的客人根据年龄、文化背景和兴趣进行简单分类，避免出现不同爱好的人群在旅游过程中的不协调。另外，尽量不要接受不适合出游的客人参团，以保证游客的人身安全，尽量避免出现使老年游客过度劳累等不协调现象。

3. 充分考虑企业现有资源和操作能力

产品设计应该考虑到旅行社目前拥有的人力、物力、财力，不要设计超出旅行社负荷的大型产品和超出旅行社运作能力的豪华产品，既要保证产品的盈利性，也要考虑旅行社的承受力。

4. 旅游时间的长短

旅游时间的长短，根据目标消费者的预算、时间安排、对旅游节奏的需求、旅游客源地与目的地的距离、交通方式等因素来决定，以保证旅游时间的设计和旅游者的期望值一致。

5. 旅游产品的频度

设计产品的时候，一定要分清该产品是一次性团队产品还是旅行社常规经营的定期发团的产品。

6. 旅游节奏

要根据旅游者的年龄和体力状况，合理安排产品的节奏，老年旅游者的节奏一般要尽量适于休闲，在旅游过程中尽量多安排一些休息时间，以便于老年人恢复体力。

7. 观光点的数量

观光点数量的多少和游览顺序的设计，应该充分考虑游客的特点、时间状况等因素，灵活决定。

8. 天气条件

产品设计对天气状况应该有所考虑，尽量不要安排在雨天出游。出现特殊天气状况时，应该有完善的行程调整方案。另外，一些特殊的自然景观对天气有特殊的要求，在设计这类旅游产品时应予以充分考虑。例如，吉林省吉林市的雾凇只在冬季的一段时间出现。

9. 交通要素

交通的安排，要根据旅游行程、旅游团队的类型和规模来确定。其中，需要考虑的因素有：当地游览团队的规模，选择适当的车型和游览线路；从饭店到机场、火车站、码头的接送客车的数量、车型和承载人数，可以选择小车、巴士或豪华包车；野外探险，一定要选择环境适应能力强的、四轮驱动的越野车等；乘坐火车，一定要弄清需要卧铺的类型（硬卧、软卧）及其相应的数量；坐飞机，要分清机舱的类型（经济舱、公务舱）及数量等。

10. 行前考察

旅行社在推广一个观光旅游产品前，都要进行行前考察工作。这样可以充分发现产品的弱点，并向地接社提出改进方案，以确保产品服务质量。

三、观光旅游新产品设计应该注意的问题

1. 产品特色提炼

每个观光旅游产品都有自己行程安排的特色，其中包含各旅游服务要素的特色和旅行社组合的特色，以及导游服务的特色等。如果该产品还有为特殊人群单独设计的服务细节，也可以构成产品的特色。

2. 产品行程介绍

国内目前观光旅游产品的行程介绍单调死板，缺少美的感受，没有贯彻"无形产品有形化"的基本设计原则，旅游者的旅游动机不能有效地被激发，失去了宣传促销的作用。地接社应该从组团社销售人员和游客的需求出发，进行产品的精细化包装，才会取得好的市场效果。

3. 服务标准介绍

服务标准的清晰化，有利于分清组团社、批发商、地接社、旅游各要素供应单位的责任，对于旅游企业的质量控制具有很大的作用。

下表是国内旅游企业常用的观光旅游产品的模板之一，仅供各旅游企业参考。

天数	日期	城市	行程	备 注		
				交通	膳食	住宿
1						
2						
3						
4						
5						
6						

四、观光旅游产品行程介绍示例

产品名称：

1. 哈尔滨冰雪一地三日游

游览主要城市或地点：哈尔滨。

行程特点：

（1）品尝正宗东北农家宴。

（2）游览亚洲唯一单臂斜拉桥——太阳桥，参加冰上活动，观看冬泳，品尝东北火锅，品尝东北饺子宴，体验俄罗斯风情。

具体行程：

第一天：哈尔滨

哈尔滨接团，晚餐品尝正宗东北农家宴，观冰灯艺术博览会，入住饭店。

第二天：哈尔滨

早餐后游览松花江公路大桥、太阳岛的标志——太阳石、亚洲唯一单臂斜拉桥——太阳桥、黑龙江卫视城外景、太阳岛雪雕，参观东北虎林园（自理），东北土特产展示，参加松花江冰上活动，观看勇敢者的运动——冬泳；午餐品尝东北火锅，午后游斯大林公园、防洪胜利纪念塔，漫步百年老街——中央大街步行街、圣索菲亚教堂广场、中俄民贸商场；晚餐（东北饺子宴）后，参观冰雪大世界（自理），入住饭店。

第三天：哈尔滨

早餐后送团，结束愉快的东北冰雪之旅。

2. 哈尔滨、玉泉冰雪四日游

游览主要城市或地点：哈尔滨、玉泉滑雪场。

行程特点：

（1）品尝正宗东北农家宴。

（2）游览亚洲唯一单臂斜拉桥——太阳桥，参加冰上活动，观看冬泳，品尝东北火锅，品尝东北饺子宴，体验俄罗斯风情。

（3）赴玉泉滑雪场，欣赏白雪皑皑、银装素裹的北国美景，亲身体验滑雪的刺激与快乐。

具体行程：

第一天：哈尔滨

哈尔滨接团，晚餐品尝正宗东北农家宴，观冰灯艺术博览会，入住饭店。

第二天：哈尔滨

早餐后游览松花江公路大桥、太阳岛的标志——太阳石、亚洲唯一单臂斜拉桥——太阳桥、黑龙江卫视城外景、太阳岛雪雕，参观东北虎林园（自理），东北土特产展示，参加松花江冰上活动，观看勇敢者的运动——冬泳；午餐品尝东北火锅，午后游斯大林公园、防洪胜利纪念塔，漫步百年老街——中央大街步行街、圣索菲亚教堂广场、中俄民贸商场；晚餐（东北饺子宴）后，参观冰雪大世界（自理），入住饭店。

第三天：哈尔滨—玉泉

早餐后乘旅游空调车赴玉泉滑雪场，沿途欣赏白雪皑皑、银装素裹的北国美景；抵达后滑雪 2 小时，亲身体验滑雪的刺激与快乐，乘马拉爬犁，观民俗村、八角楼，饮神泉，打冰球，乘滑道，后乘旅游车返回哈尔滨，晚餐（东北饺子宴）。

第四天：哈尔滨

早餐后自由活动，送团，结束愉快的东北冰雪之旅。

任务六　西北、西南旅游线路设计

任务要求

为你所在城市的旅行社设计一个面向中青年消费者的西北、西南地区的旅游系列新产品（不少于 3 条旅游线路）。

相关分析

中国西北、西南地区旅游线路、景区、景点丰富多彩，随着一带一路建设的热潮，以陕西、宁夏、内蒙古、甘肃、新疆、青海和西藏为主要旅游目的地的西北和西南地区的旅游产品日渐热销，各地旅行社也非常重视西北、西南旅游产品的设计和操作。倘若合理地予以设计、操作，必将有助于西北、西南地区旅游产品的热销。

西北、西南地区具有本身特定的旅游开发条件，它是旅游路线规划设计的基本依据。从西北、西南地区客观形成的旅游开发实际条件出发，旅游线路策划设计中必须综合考察旅游资源特点、景点（区）的空间格局和客源市场与客流特征诸因素的影响。

一、西北、西南地区旅游资源特点

旅游资源的数量与质量及其特征是影响旅游线路规划设计的主要因素之一，它直接决定旅游线路规划设计的方向和主题思想。中国西北、西南地区深居欧亚大陆腹地，受海洋影响小，历史上一直是多民族活动的主要舞台，千百年来又形成了古今中外闻名于世的"丝绸之路"。特殊的历史与地理条件综合作用下形成了旅游资源的三大基本特征。

其一，自然景观雄伟、粗犷。中国西北、西南地区地域辽阔，地势高亢，高山与盆地相间分布，气候干燥。在气候和地形两大自然要素主导下，形成其独特的自然景观：崇山峻岭高耸、冰川雪山连绵、沙漠戈壁广袤、湖泊星罗棋布。自然景观旅游资源总的特色是雄伟、粗犷，是开展探险旅游和体育旅游的理想场所。

其二，民族风情丰富多彩。自古以来，中国西北、西南地区是历代少数民族辛勤耕作和繁衍生息的主要场所，现在是藏族、维吾尔族、回族、蒙古族、哈萨克族、乌孜别克族等十多个少数民族的主要聚居区。由于各少数民族不同的宗教信仰与风俗习惯，赋予了绚丽多姿的民族文化旅游资源特色，为清新别致的民族文化旅游和民族风情旅游活动的开展提供了良好的条件。

其三，丝路文化源远流长。中国西北、西南地区旅游资源的另一重要特色是古丝绸之路文化。古丝绸之路东起长安（今西安），经甘肃、新疆等地西出帕米尔高原，再西经阿富汗、伊拉克，直至意大利的罗马和威尼斯。在中国境内东部有北、中、南三条干道，西部又有多条支道，干支道总长几千公里。千百年来，通过古丝绸之路，为东西方贸易架起桥梁，中西方文化在中国西北、西南地区交融汇合，遗留了一大批丰富多彩的历史文物和遗址、遗迹，以及无数可歌可泣的动人事迹与神秘传说。因此丝路风光已成为这一地区最有吸引力和最富有特色的旅游资源。

二、旅游景点（区）的空间格局

旅游景点（区）的空间格局及其组合特点直接影响到旅游线路的数量、形态、走向及其结构体系。一个旅游区的景区（点）在空间分布与组合方面具有四个层次。第一层次是旅游区。它是旅游资源较为集中，并含有若干共性特征的旅游地域单元，一般面积较大，范围较广。第二层次是旅游中心城市。它是旅游活动的基地，其主要功能是提供旅游交通、食宿、购物、管理等业务，是外围旅游辐射区、点旅游业务的组织者，同时又是重要的客源市场。第三层次是风景区。系指具有一定规模、范围和条件的可供人们游览的具有特色和集中性的自然与人文景观的地域组合空间。第四层次是景点。它是风景区内反映某一特点的景观地域。景区、景点对旅游线路规划设计的影响，主要表现为以下三个方面。

其一，旅游区空间组合几何形态的影响。块集状形态（长轴与短轴长度相差不大）的旅游区可以形成 2 条或 2 条以上的一级旅游线路。线状或带状（长轴与短轴相差几倍以上）的旅游区，一般只有 1 条一级旅游线路。

其二，旅游区内部地形特点的影响。存在阻碍游人穿行的自然地形障碍（如高海拔、雪山冰川、大漠、江湖、沼泽等）的旅游区，必然影响旅游线路的走向。如中国西北、西南地区存在的雪山冰川、高山与极高山、荒漠戈壁等，旅游线路必须绕过这些自然障碍。

其三，景点、景区集散状态的影响。旅游区的景点、景区若是围绕旅游中心城市集中分布，则有利于设计以旅游中心城市为中心的多条环形或辐射形旅游线路。若景点、景区远离旅游中心城市或深居边远地带，则不利形成旅游线路；但如果这类边远的景点、景区质量很高，对游人的吸引力很强，或是若干个景点、景区成群分布，则有可能以当地城镇为依托，形成次一级的新兴旅游区和旅游线路。

三、客源市场与客流特征

客源市场与客流特征是影响旅游线路设计的又一重要因素。旅游的消费者是游客，其服务目标是尽可能满足人的旅游需求，因此游客的旅游行为偏好及旅游行为的综合特征自然成为旅游线路设计的重要依据。

其一，重点客源市场的影响。重点客源市场是旅游产品设计的重要依据之一。如中国西北和西南旅游区，无论是国际游客还是国内游客，重点客源市场的方位是在其东部，北京和西安被作为其旅游线路规划设计最重要的集散地和起点来考虑。另一客源市场是苏联的中亚地区（近年来华游客急剧上升），因而乌鲁木齐又作为另一旅游线路设计的集散地予以对待。

其二，游客旅游行为的影响。各类游客具有不同的旅游偏好与行为特征。如港澳台胞与华侨来华旅游侧重于寻根问祖和探亲观光，欧美游客慕名于中国灿烂的古文化，日本游客则更注重于佛教文化、科学考察与研修以及多民族风情旅游。另外，不同职业、不同年龄的游客旅游动机亦不相同。旅游线路设计中必须充分考虑到游客旅游行为需要，"投其所好"，设计科学合理的综合旅游线路与专题旅游线路。

其三，客流特征的影响。从宏观上看，游客流动具有季节性特征，中国西北、西南地区由于气候因素，旅游的季节性更强，客流的流向对旅游线路的宏观走向有着重要影响。如中国西北、西南地区旅游区一般是自东向西的，游客从东部北京或西安入境，在兰州中转后一路向西至乌鲁木齐，另一路向南去西宁和拉萨。上述游客流向特征使之难以形成大环形旅游线路，为这一地区设计科学合理的旅游路线增加了难度。

四、旅游线路设计应遵循的原则

旅游产品中的线路设计应遵循的总原则主要有两大方面：一是尽可能满足游客的旅游愿望；二是便于旅游活动的组织与管理。有的学者认为，"便利、高效、快速、安全、舒适、经济"十二字原则，是旅游线路设计中的首要条件。有人进一步概括为短（旅途时间短）、长（游览时间长）、多（景点变化多）、少（重复线路少）、高（经济效益高）、低（旅游费用低）。我们认为，中国西北、西南地区旅游区的游览线路设计需要遵守五项基本原则。

1. 经济性原则

所设计的游览线路尽可能符合以下要求：游客在途时间短，游览时间长，重复线路少，旅游费用低，旅游接待服务成本低，使游客和旅游接待组织单位都能取得较高的效益。

2. 丰富性原则

游览线路设计要尽可能联结更多的景点、景区，将各个景区、景点、景物相互联结成一个有机的整体，使观赏的景物景象丰富多彩。理想的游览线路应当具有旅途时间短、游览时间长、人在景中行、景在游中换的效果。同时，游览线路设计要注意整体效果，无论是专题旅游线，或是综合游览线，都要从游客旅游感应行为的心理特点出发，突出主题思想，使游览过程具有旅游故事情节的展现，最后达到旅游高潮。

3. 层次性原则

游览线路体系一般包含三个不同的层次。第一层次是进入性游览线路，即由若干旅游中心城市组成并连接而成的游览线路。这是最高一级的游览线路。其主要功能是游客的集散和进出入旅游区，其特点是线路最长、范围最广，一般以直线线路为主，宜选择飞机、火车等便捷、快速的交通工具。第二层次是主体性游览线路。即由旅游中心城市作为"大本营"出发连接各旅游景点、景区的游览线路。它是游览线路体系中的主体和重点。设计中一般应尽量避免使游客走重复线路，采取环形或"8"字形线路。这一层次中多条旅游线路往往组合成以旅游中心城市为中心的星形即"☆"形和复合星形平面几何图形。一般采用汽车作为旅游交通方式。第三层次是景区游览线路。即景区内部游览线路。它属于最低一级的游览线路，其特点是范围较小，线路较短。但它是旅游活动的最后落脚点，游客或步行，或采取骆驼、马、人轿等速度较慢的交通工具。在游览线路设计中，尽量采取环形线和曲线，宜曲不宜直，力求形成曲径通幽的环境气氛。但无论哪一个层次的游览线路设计，都要充分利用现有的交通线路，使游览线路与现有的交通线路保持一致。

4. 季节性原则

旅游活动具有显著的旺季、平季和淡季。不同季节的游客流量相差很大，中国西北、西南地区尤为明显。因此，旅游产品设计中要充分考虑到旅游活动的季节性特点。一般应以旅游旺季的游客最大波动率（即旅游旺季与平季游客流量的最大变化率）来作为旅游产品设计的依据。

5. 安全性原则

即游览线路设计中要注意游客的安全因素。一方面要避免线路中游客拥挤、碰撞，阻塞线路畅通，甚至造成事故。另一方面，要避免游览线路通过气象灾害区、地质灾害区和人为灾害区（如战争、宗教纠纷等）。同时，要注意在游览线路上设置必要的安全保护设施。

五、中国西北、西南地区旅游产品的基本框架

中国西北、西南地区旅游产品设计要突出"一主两副"。即丝路风光旅游主题和高原探险与多民族风情两大旅游副题，旅游产品体系由进入性游览线路、主体性游览线路和景区游览线路三个不同层次和级别的游览线路组成。

1. 进入性游览线路

中国西北、西南地区的最高一级旅游产品中的游览线路是进入性游览线路，主要有两条：西安—天水—兰州—乌鲁木齐和北京—呼和浩特—银川—兰州—西宁—拉萨。两大游览线路分别以西安和北京为起点，以乌鲁木齐和拉萨为终点，形成以兰州为中心的大十字形空间游览线路骨架。具体的线路除了上述两条外，还可以有另外两种选择，即西安—天水—兰州—西宁—拉萨，北京—呼和浩特—银川—兰州—乌鲁木齐。由于线路的空间距离长，在游览线路交通方式上，主要应选择飞机和火车。西安—天水—兰州—乌鲁木齐游览线路的主题是丝路风光，游客在西安观赏兵马俑的"军威"和古代唐城风光，眼前浮现昔日盛唐时代都城的繁荣景象。这是丝路风光主题的开端。之后，游客西去天水游览麦积山石窟，然后溯渭河源而上，进入古代"金城"兰州。这是丝路风光主题情节的发展。再西去敦煌、乌鲁木齐，途经武威、张掖、嘉峪关等地，眼前呈现的是沙漠、戈壁、草原、长城、关隘，游客仿佛进入了"驼帮马队"的古丝绸之路之中。这是丝路风光主题情节的进一步展开。之后，游客来到敦煌莫高窟，欣赏古代壁画，形成旅游高潮。再西去哈密、吐鲁番和少数民族首府城市乌鲁木齐，游客可品尝哈密瓜、葡萄，观赏少数民族城市建筑景观和维吾尔族歌舞，使丝路风光旅游在轻松愉快的圆舞曲中结束。

北京—呼和浩特—银川—兰州—西宁—拉萨游览线路的旅游主题是多民族风情和高原探险。游客从北京进入内蒙古，游蒙古包，喝酥油茶，观赏蒙古族歌舞、摔跤、叼羊、赛马，甚至骑马驰骋于千里草原上，体验草原、蓝天、白云、羊群和骏马融为一体的牧民生活。这是民族风情的开端。之后，乘兴进入回族首府城市银川，观赏"塞上江南"的绚丽风光和具有穆斯林风格的大大小小的清真寺，游览世界治沙奇迹中卫沙坡头。这是民族风情主题情节的发展。再经"金城"兰州，南上西宁，进入青藏高原。观赏塔尔寺，游览青海湖和鸟岛，展现了高原风光旅游主题的序曲。然后，沿唐蕃古道，追踪汉藏文化交往的历史遗迹，一路长途跋涉，观雪山、冰川、奇峰，游湖泊、温泉，探河源、幽洞、山口，直奔"世界屋脊"上的明珠——拉萨。参观世界最高的古建筑奇观——布达拉宫，至此，形成旅游高潮。

2. 主体性游览线路

中国西北、西南地区的主体性游览线路一般有单向（即非封闭的线形）形、环形和"8"字形三种基本形态。具体游览线路以青海旅游区为例，择其要者加以讨论。青海旅游区游览线路主要有以下3条。

（1）世界屋脊驱车探险旅游线路 即西宁—格尔木—拉萨，单程1937公里，西宁进，拉萨出，7日游。第1日，西宁出发，游湟源古城—日月山—倒淌河—湖东牧场—青海湖及鸟岛，住鸟岛宾馆。第2日，青海湖出发，游茶卡盐场—都兰热水吐蕃墓群—戈壁粮仓香日德—诺木洪遗址—戈壁新城格尔木，住格尔木。第3日和第4日，在格尔木旅游并休整，游万丈盐桥—盐湖风光—蒙古风情。第5日，由格尔木出发，游一步天险—昆仑山口—五道梁—江源首桥—沱沱河大桥，第6日，从沱沱河出发，游雁石砰天葬场—唐古拉山口—安多，住藏北重镇那曲。第7日，从那曲出发，游地热之乡羊八井，抵达拉萨。

（2）丝路南道游览线路　即西宁—德令哈—茫崖镇，单程 970 公里。西宁进，茫崖出，接新疆丝路旅游线，形成 4 日游。第 1 日，西宁出发，游湟源古城—西海郡古城—白佛寺—青海湖及鸟岛—沙陀寺—刚察大寺，住鸟岛宾馆。第 2 日，北向阳古城—哈龙岩画—天峻草原及岩画—海西州首府德令哈市及柏树山风光，住德令哈市。第 3 日，游克鲁克湖—托素湖—大柴旦温泉—南八仙风蚀雅丹地貌群。第 4 日，游石油新城冷湖—尕斯库勒湖风光—茫崖石棉矿。之后，赴新疆诺羌，接丝路干道旅游线。

（3）唐蕃古道游览线路　沿青藏公路至玉树，单程 723 公里，形成 7～9 日游。第 1 日，西宁出发，游湟源古城—日月山—倒淌河—青海湖及鸟岛—恰卜恰镇—龙羊峡水利枢纽—大非川古战场，住恰卜恰镇或龙羊峡。第 2 日，游花石峡—黄河源头第一县玛多，住玛多休整。第 3 日和第 4 日，游扎陵湖—鄂陵湖—星宿奇观—河源科学考察，住帐篷或活动房。第 5 日和第 6 日，游清水河温泉—巴彦喀拉山口—海藏通衢的天堑——直门达峡谷及大桥—青海重镇结石—贝大日如来佛石窟寺—隆宝滩黑颈鹤自然保护区，住结石镇。因玉树至西藏那曲的交通不畅，此旅游线未能完全开通。为避免重复线路，可开辟玉树至班玛、久治的旅游交通线，同宁果公路连接，至此可开展游览班玛仁玉—阿尼玛卿峰自然风光和登山、科学考察、藏族风情、宗教朝觐等旅游活动。这样，在青南高原形成以唐蕃古道青海段为主的环形游览线路。

六、观光旅游产品行程介绍示例

丝绸之路十三日游

第一天：于指定时间、地点集合乘车前往深圳机场，乘 CZ6890（15：15/21：00）航班飞乌鲁木齐市自由活动。住：徕远宾馆。

第二天：09：00 早餐，09：30 前往天池游览，13：30 在蒙古包用餐，17：30 回乌市。住：徕远宾馆。

第三天：08：00 早餐，08：30 赴吐鲁番（190 公里）参观火焰山、葡萄沟，13：30 在葡萄沟用餐，14：30 参观坎儿井、交河古城。住：徕远宾馆。

第四天：08：30 早餐，09：00 赴石河子。住：石河子宾馆。

第五天：09：00 早餐，09：30 前往南山牧场（70 公里），13：30 返乌市用餐，晚餐后 21：11 登 K1538 次列车赴柳园。住：火车软卧。

第六天：列车上吃完早餐后，约 8：20 抵柳园，乘空调旅游车至敦煌，午餐后参观中国最大石窟艺术馆——敦煌莫高窟。住：敦煌大酒店。

第七天：08:00早餐后游览沙漠奇迹——鸣沙山和月牙泉，骑骆驼（自费）领略大漠风光，午餐后乘空调旅游车赴嘉峪关，参观嘉峪关雄伟壮观的城楼和城墙、长城博物馆。晚餐后乘 K9668 次列车（23:34）赴兰州。住：火车软卧。

第八天：约 9:15 抵兰州，在酒店休息，午餐后市内参观五泉山公园、黄河母亲雕像、黄河第一桥。下午乘 Z135/Z165 次列车（15:18/18:34）前往西宁。住：西宁宾馆。

第九天：早餐后游览塔尔寺，它是我国藏传佛教格鲁派（俗称教黄）教创始人宗喀巴大师的诞生地，亦是青海省和中国西北地区佛教中心。后前往我国最大的内陆咸水湖——青海湖。后去日月山、倒淌河、藏民家访、塔尔寺。晚餐后乘 K816 次列车（19:20）前往银川。住：火车软卧。

第十天：早上 07:04 到达后休息，游览沙湖，后游览西夏王陵又称西夏陵、西夏帝陵，有"东方金字塔"之称，是西夏王朝历代帝王的寝陵。住：银川长相依宾馆。

第十一天：早餐后自由活动，午餐后游览华夏西部影视城，又称"东方好莱坞"。晚餐后乘 K1087 次列车（18:00）前往西安。住：火车卧铺。

第十二天：早上 08:28 抵达西安，参观张学良公馆和大雁塔，下午参观古丝路起点石雕群。住：古都大酒店。

第十三天：早餐后参观著名的兵马俑、华清池和五间厅等，午餐后游明城墙、碑林。乘 CZ3214（16:50/19:35）飞机返深圳。

任务七　冰雪旅游产品设计

🖊 任务要求

为你所在城市的消费者设计一套冰雪旅游系列产品（不少于 3 条线路）。

相关分析 ✐

冰雪旅游是以冰雪气候旅游资源为主要的旅游吸引物，体验冰雪文化内涵的所有旅游活动形式的总称，是一项极具参与性、体验性和刺激性的旅游产品。

2016 年，中国冰雪旅游市场规模达到 403.53 亿元，比 2015 年增长 27.04%，滑雪人次数达 1510 万，在 10 年内冰雪旅游产业呈现爆炸式增长。2015 年获得冬奥会举办权以后，冰雪旅游市场规模同比增长率在 27% 以上，远超中国旅游产业，增长速度明显。2016 年北方城市冰雪旅游市场规模达到 292.95 亿元，占北方冬季旅游市场规模的比重为 17.66%，冰雪旅游成为大部分北方城市最重要的旅游资源和核心支柱，冰雪旅游产业地位正逐渐加强，成为冬季旅游发展的新风向。随着 2018 年 2 月韩国平昌冬奥会的结束，"冬奥北京周期"已正式开启，不断升温的中国冰雪产业渐入佳境。作为一个有着奥运情怀的国家，冬奥北京周期和消费升级时代的叠加，在申办冬奥时让"三亿人上冰雪"的承诺正加速兑现，也让中国冰雪产业具备了高速增长的外因和内因。对提升我国冰雪旅游发展的国际化、标准化水平，扩大冰雪旅游品牌影响，具有强大的带动作用。我国冰雪旅游正进入黄金发展期，迎来了大众冰雪旅游时代。业内人士评析：2022 年冬奥会后中国有望成为全球最大冰雪旅游市场，2025 年，我国冰雪产业市场规模有望达到万亿元。各旅行社应该积极布局冰雪旅游，打造"冰雪热点"，让冬季旅游淡季不淡。

一、冰雪旅游的特点

1. 参与性

冰雪旅游具有极强的参与性。这一特点一方面是由冰雪旅游的起源决定，对冰雪资源的开发利用最早是源自古老民族的日常活动；另一方面是由游客的旅游需求决定，在寒冷的冬季，仅仅是静态地观赏冰雪美景是不够的，游客们更期望能够参与冰雪运动，在冰天雪地里痛快酣畅地玩上一把。

2. 体验性

在东北、西北和华北北部，游客可以看到北国风光，千里冰封、万里雪飘，纵情于白雪之间，体验冰雪旅游真谛，尽情享受冰情雪韵：在林海雪原间激情滑雪，尽享自由快感；在无垠的雪原冰湖上驾驭雪地摩托飞驰，体味北国银白世界的神韵；在辽阔的雪原上跨上骏马驰骋，感受游牧民族的生活情趣；坐狗爬犁奔跑在冰雪上，饱览北国风光。

3. 时间长

由于冰雪旅游具有极强的参与性和体验性，使得游客的游玩时间相对较长，从而带来较高的旅游消费。同时，冰雪旅游拥有较高的重游率，回头客多，重复消费率较高。

冰雪旅游相对于传统的观光旅游，属于高消费的旅游活动，例如，参与滑雪运动需要在装备等方面付出一定的成本，而度假旅游更需要担负较高的餐饮、住宿费用。尤其是滑雪运动，作为一项体育活动，很多人有可能成为滑雪的终身爱好者。

4. 依赖性

冰雪旅游的开发对资源具有较强的依赖性，必须同时具备寒冷的气候条件和适宜的地形条件。因为有条件开展冰雪旅游的国家和地区，在地理位置上，其旅游区必须处于寒温带或中温带，每年1月份和2月份的平均气温为−30～−18℃左右，且山地面积多于平地，一般是坡度轻平缓、雪期长。如果只是具备了寒冷的气候条件但是缺少坡度适宜的山地便无法建设滑雪场，山地众多却纬度偏低也没有可能出现自然降雪。

5. 健身性

滑雪运动是冰雪旅游的重要组成部分。参加体育活动，可以锻炼身体、消除疲劳、增进健康。对于长期居住和工作在城市里的人们，可以调节快节奏工作带来的压力，有助于摆脱生活的单调与烦恼。在得天独厚的冰雪环境中锻炼身体，既可增强人们的御寒能力、提高体质和健康，还可达到放松心情、调节生理和健身休闲的目的。

二、冰雪旅游的类型

（一）观光类

1. 冰雕（展）

以冰为原材料按照具体的需求分为装饰冰雕、注酒冰雕、婚礼冰雕、冰雕容器、冰雕酒吧、节日冰雕等多种形式。国内较为出名的有每年一次的哈尔滨冰雕节、冰雕大赛等。

2. 冰灯（展/会）

冰灯融冰雕艺术和灯光艺术为一体，分为室内冰灯展和室外冰灯展。例如地坛冰灯展是常年室内冰灯展，它融洽了中外雕塑艺术的精华，作品有反映中国传统民间故事的十二生肖，有小朋友喜欢的童话故事人物白雪公主和七个小矮人、猴子捞月亮等冰雕精品，还有著名的天安门城楼、华表，有南方冬天难得一见的树挂、冰凌等东北自然冰雪风光，有异国风情的欧式冰建筑等。又如哈尔滨冰灯节，在公园展出，旅游者除了可以参观一年一度的冰灯节外，还可以加入东北令人目不暇接的各类雪上活动，如乘冰帆、打冰橇、溜冰、滑雪或参加冰上婚礼、冰雪文艺晚会等。

3. 冰瀑

瀑布在寒冷季节凝结成美丽的冰瀑，例如北京京东第一瀑布在冬季凝结为冰瀑，还有四川九寨沟冰瀑、辽宁龙潭冰瀑，等等。

4. 雪雕（展）

雪雕，又称雪塑，是把用雪制成的雪坯经过雕刻，塑造出的立体造型艺术，与冰灯、冰雕并称冰雪雕塑艺术。压缩的雪坯有硬度，可以雕刻，加上雪有黏度，又可堆塑，使雪塑既有石雕的粗犷敦厚风格，又有牙雕的细腻圆润特点，形式厚重，空间感强，银白圣洁，富有光泽，雅俗共赏。尽管雪雕的寿命和其他雕塑作品相比十分短暂，但雪雕作品要比石雕、泥雕更有灵气。

5. 冰挂雾凇

雾凇俗称树挂，是北方冬季可以见到的一种类似霜降的自然现象，是一种冰雪美景。是由于雾中无数 0℃ 以下而尚未结冰的雾滴随风在树枝等物体上不断积聚冻粘的结果，表现为白色不透明的粒状结构沉积物。因此雾凇现象在我国北方是很普遍的，在南方高山地区也很常见，只要雾中有过冷却水滴就可形成。例如吉林的雾凇，号称中国四大自然奇观之一，每年都吸引几万中外游客远道而来。

（二）运动休闲类

1. 冰上竞技运动

项目主要包括：速度滑冰、短道速滑、花样滑冰、冰球、雪橇运动，以及冰车、冰上溜石、冰壶等运动项目。

2. 雪上竞技运动项目

主要包括：单板滑雪、双板滑雪、自由式滑雪、高山滑雪、越野滑雪、跳台滑雪、飞雪、花样滑雪、特技滑雪、雪上芭蕾、技巧速降、带翅滑雪、多项滑雪、森林滑雪等现代滑雪项目。

3. 其他休闲运动类项目

主要指的是除竞技运动项目之外的与冰雪相关的运动休闲类项目，如攀冰、冰上风火轮、登雪山、仿真滑雪、仿真溜冰、滑雪机、雪地足球、冰钓、冬泳等。

（三）节庆类

节庆是景区提高自身知名度和吸引力的重要砝码，冰雪旅游同样也不例外，尤其是结合各地民俗而打造的一些节庆类冰雪活动，更是为冰雪旅游拓展了更大市场。目前和冰雪旅游相关的节庆有冰雪旅游节、冰雕艺术节、雪雕艺术博览会、冰灯节、冰瀑节、冰钓节等。

（四）赛事类

1. 专业赛事

滑雪类比赛：自由式滑雪空中技巧世界杯赛、瓦萨国际越野滑雪赛、高山滑雪、越野滑雪、单板追逐赛、冬季两项赛等。

冰上运动比赛：花滑锦标赛、速度滑冰、短道速滑、花样滑冰、冰球、掷冰壶赛等竞技比赛。

大型赛事由国家专业机构组织，小型赛事一般由俱乐部等小型专业团体发起，旅游目的地或者景区通过举办各类专业赛事，可以借机提高景区相关的基础设施建设，提高景区知名度，为游客简单冰雪运动活动的开展提供良好的平台。例如 2009 年在哈尔滨举办的第 24 届世界大学生冬季运动会，在亚布力滑雪场有多项赛事，会后有更多的世界游客了解了哈尔滨，也有更多的游客在赛事前后到亚布力滑雪场游玩。

2. 趣味赛事

除了专业赛事在景区的举办外，作为娱乐活动的一部分，趣味赛事也是经常被游客喜闻乐道的重要项目。常见的趣味赛事有穿越冰池趣味赛、堆雪人大赛、雪橇大赛、"雪花小姐"选拔赛、雪雕比赛、冰上拔河、推爬犁、雪地投准、雪地套圈、冰雪嘉年华、冰上风火轮等。趣味赛事相对简单，危险系数小，对专业化程度要求不高，适合大众游客娱乐。

（五）游乐类

1. 冰雪游乐场（园）

冰雪游乐场（园）集观光与娱乐为一体，是一个综合性冰雪休闲之地。它往往包含多种娱乐场所，如攀岩、滑雪场、冰球场及雪地摩托车场等高档娱乐项目设施，还可以结合一切节庆活动等，本身作为吸引物，是较为独立的冰雪旅游项目，对地区甚至全国都产生较大吸引力。如大兴安岭加格达奇冰雪游乐园等。

2. 景区内依托冰雪的游乐项目

（1）雪上游乐项目　如雪地爬犁、马拉雪橇、狗拉雪橇、雪圈、雪地摩托、雪地自行车、雪地卡丁车、雪地滚球、雪雕、打雪仗等。

（2）冰上游乐项目　包括冰爬犁、冰壶、冰橇、冰帆、冰猴、冰上单刃滑车、冰上卡丁车、冰上坦克车等。

3. 其他游乐项目

如雪地飞车、滑雪体感机等游戏机、游乐机、冰山等其他一些新兴游乐项目。

（六）演艺类

冰雪演艺类活动包括冰雪文艺演出，如冰上舞蹈、冰上体操、冰上模特秀，以及冰雪驯兽等。例如冰雪节开幕式以冰雪为主题的文艺演出，包括冰上舞蹈，如冰上芭蕾、冰上交际舞等。

例如 2008 年第九届哈尔滨冰雪大世界文艺表演中冰雪大世界首次与北方森林动物园合作推出"北方冰雪驯兽表演"，雄狮与猛虎在冰雪中一展凶猛与狂傲，黑熊的诙谐将令游客捧腹，小猪在驯兽员的指挥下乖巧可爱，冰上演艺的丰富延伸更是将冰雪演艺推向高潮。

（七）其他体验类

随着休闲旅游的兴起，冰雪旅游也开始冲破传统的冰雪观光演绎着新的体验方式，如冬季采摘、雪地温泉、冰雪酒店、冰雪博物馆、冰雪高尔夫、雪上飞碟、雪地射箭等。

三、我国冰雪旅游消费分析

《中国冰雪旅游消费大数据报告(2018)》显示，中国已经成为冰雪旅游大国，正在向冰雪旅游强国迈进，冰雪旅游成为落实习总书记"冰天雪地也是金山银山""三亿人参与冰雪运动"指示精神的主要支柱产业。2016~2017 年冰雪季我国冰雪旅游市场规模达到 1.7 亿人次，冰雪旅游收入约合 2700 亿元。

截至 2018 年，冰雪观光是我国冰雪旅游的主要类型，冰雪观光人数占我国国内冰雪旅游总人数的 72.4%。通过旅行社组团、自助游等方式，以观光的形式体验冰天雪地的壮美景色成为到东北、西北等地区进行冰雪旅游大多数游客的主要目的，千里冰封、万里雪飘的北国风光以及浓郁的本地民俗风情都成为冰雪旅游的重要吸引物。

数据显示，滑雪休闲度假游客占我国国内冰雪旅游总人数的 27.6%，滑雪休闲度假是冰雪旅游的一种重要旅游形式，是冰雪旅游的一部分，但不是全部。

在冰雪旅游者中，同时选择冰雪与温泉的游客占到总游客人数的 13.4%，冰雪和温泉这"一冷一热"资源成为重要的市场配对吸引物，成为很多游客必选的冰雪旅游套餐。

在人口要素方面，国内参与冰雪旅游的男性占 39%，女性占 61%，女性参与度较高与女性崇尚浪漫、纯真等特质契合冰雪清纯、高洁等潜在特征相匹配，也与女性更偏爱结伴旅行密切相关。在冰雪旅游者的年龄构成上，小于 18 岁的游客占 14%，18~30 岁占 29%，30~60 岁占 48%，60 岁以上游客占 9%。

此外，青少年市场也不容忽视，30 岁以下游客总共占比为 43%。在出游人群中，情侣游、家庭游人次与出游总人次分别占比 17%、37%，家庭游市场是较大的冰雪旅游市场。

中国旅游研究院分析认为，30～60 岁的事业有成型群体是冰雪旅游的主力军，这与冰雪旅游消费较高密切相关，事业有成型人员具有较强财务消费能力。

根据统计，中国目前的滑雪场中，75%的雪场属于旅游体验型，针对的客户群体为观光客。这类雪场的特点是设施简单，通常只有初级雪道，位置一般位于景区或城郊。22%的雪场为学习型雪场，消费者以本地居民为主，这类雪场的特点是山体落差不大，位于城郊，初、中、高级雪道俱全。本地自驾滑雪者占比很大，平均停留时间为 3～4 小时。北京周边的南山、军都山和石京龙雪场都属于此类雪场。余下的 3%属于目的地、度假型雪场，客户群为度假者。这类雪场的特点是山体有一定规模，除配有齐全的雪道产品外，还有住宿等配套设施。消费方式上，过夜消费占比较大，客人平均停留 1 天以上。消费属性为度假＋运动＋旅游，吉林的万科松花湖、万达长白山、北大壶，河北的万龙、云顶和黑龙江的亚布力都是这类雪场。从欧美日等滑雪产业发展较成熟的国家看，目的地、度假型雪场是主体，且市场份额大，而中国的情况与之相反，初级特点明显。

四、中国主要冰雪旅游资源分布

黑龙江、内蒙古、北京、河北、吉林、辽宁、新疆 7 省区市组成的"中国冰雪旅游推广联盟"是中国冰雪旅游的主力军，这 7 个省市区宛如镶嵌在中国版图上的一条银色丝带。2017 年 1 月，由中国冰雪旅游推广联盟联合发布的《2016 中国冰雪旅游竞争力大数据报告》显示，哈尔滨、长春、张家口、沈阳、呼伦贝尔、乌鲁木齐、吉林、牡丹江、伊春、延庆入围"2016中国十大冰雪旅游城市级目的地"。哈尔滨国际冰雪节、长春净月潭瓦萨国际滑雪节、内蒙古"冰雪天路"探寻之旅等活动入围"2016 中国十大冰雪旅游营销事件"。

（一）黑龙江省

黑龙江省是名副其实的中国冰雪旅游资源和冰雪旅游品牌的第一大省。黑龙江省旅游委在全省整体品牌体系下，推出系统化的冬季品牌"冰雪之冠，畅想龙江"，并围绕这一品牌，全新推出大美雪乡、鹤舞雪原、秘境冰湖、北极圣诞等五条冬季冰雪线路，在这五条精品旅游线路上，涵盖了黑龙江省引以为傲的世界冰雪之最，如世界最大的雪雕艺术群——太阳岛雪博会；世界唯一的丹顶鹤冰雪栖息地——扎龙湿地；中国最大最专业的滑雪场——亚布力滑雪度假区；中国面积最大的冰雪红森林——伊春；中国姿态最优美的雾凇林——库尔滨雾凇等。

在黑龙江众多拥有冰雪旅游资源的城市中，黑河是颇受游客喜爱的北疆的冰雪小城。其原因并不仅局限于其先天拥有的冰雪资源，更重要的是当地旅游相关部门对黑河旅游资源深入的了解、有意识的整合，和对其冬季旅游产品的打造与建设。黑河市旅游委围绕"静静的黑河·神奇的冰雪"冬季营销主题，通过整合黑河特色旅游资源，重点挖掘火山湿地自然生态资源、冰雪资源，及中俄边境文化、民俗历史文化等文化积淀，核心打造了"五大连池＋黑河＋俄布市"黄金旅游线路，一经推出便受到市场的广泛好评。体验五大连池的地磁温矿泉、感受疾速飞翔的高山滑雪、参与粗犷豪放的民族狩猎、欣赏凝雪挂霜的雾凇奇景、饱览中俄双子城的异域风光……

（二）内蒙古自治区

内蒙古有长达 7 个月的漫长冬季。从西部贺兰山起，穿过河套平原、黄河几字湾到中部巍峨的大青山，再越过呼伦贝尔大草原到东部的大兴安岭，内蒙古孕育着千姿百态的冰雪美景。一年只有两季的内蒙古此前大多以"天苍苍野茫茫，风吹草低见牛羊"的夏日景色吸引游客。近年来开始着力打造"冰雪旅游"，并着力打造了一批民俗与冰雪相结合、休闲与玩雪相结合、边境风情与冰雪探奇相结合、冰雪与温泉相结合的特色旅游产品，以自己独特的民族文化、特色节庆和林海雪原相结合，构成了内蒙古冬季旅游最大的吸引力。

《呼伦贝尔大草原》作为一首歌颂草原边疆的通俗歌曲，曾被众多歌手传唱，也极大地提升了呼伦贝尔的知名度。在很多人眼中，只要提到去内蒙古看大草原，想到的第一个地方就是呼伦贝尔。近年来，随着冬季旅游的开展，冰雪那达慕成为广大游客冬季来呼伦贝尔首选的旅游项目。"那达慕"是蒙古民族在长期游牧生活中创造和流传下来的竞技项目和游艺、体育项目，有着鲜明的民族特色和浓郁的地区特点。此外，呼伦贝尔还有 270 万人民群众、42 个民族。这里丰富灿烂的文化资源可挖掘、可打造的潜力巨大。特别是独有的中国三少民族文化（即鄂伦春族、鄂温克族和达斡尔族）和林海雪原，组合起来构成了呼伦贝尔最大的吸引力。

天越冷，雪越大，人越多，这是内蒙古冬季旅游的写照。蓝天、冬日、白雪、暖阳，全国乃至世界各地的游客慕名而来，参与赤峰达里湖冬捕节、冰雪那达慕等草原冰雪盛会，内蒙古的冬季旅游越来越有吸引力。

（三）河北省

在全球冰雪旅游产业百年来的发展历史中，大量的事实证明，冰雪体育竞技项目对冰雪旅游业的发展起着至关重要的推动作用。尤其像奥运会这种世界级的体育赛事，都能对主办城市甚至一个区域的旅游业产生非常大的影响。在冬奥会光环的影响下，瑞士成为世界知名的冰雪旅游目的地，美国盐湖城也迅速成长为北美地区重要的冰雪旅游中心。毫无疑问，2022 年冬奥会也将给河北省旅游业的发展带来巨大的机遇。

自申办冬奥成功以来，河北省的冰雪运动和冰雪产业便取得了快速的发展。颁布的《河北省冬季运动发展规划》提出到"2022 年全省参与冰雪运动人次达到 3000 万以上"的奋斗目标。并研究制定了《河北省体育产业发展"十三五"规划》，提出实施冰雪经济发展计划，打造冰雪健身、冰雪休闲、冰雪旅游、装备制造、产业服务于一体的冰雪产业链条，不断培育冰雪产业消费热点，力争到 2022 年全省冰雪产业规模达到 1000 亿元。

从历届奥运会来看，奥运旅游人数增长具有明显的时间阶段性，分为"前奥运""中奥运"和"后奥运"三个阶段。"前奥运"阶段指奥运会申报成功至举办前夕。其特点是游客人数年增长率加速增长，距奥运会越近，增长越快。目前，河北省旅游人数处于"前奥运"阶段的前期。崇礼滑雪节、京津冀挑战赛等一系列冰雪产业、冰雪活动品牌日益响亮。

位于河北省张家口市的崇礼区，如今成了中国的滑雪胜地。通过多年的努力，崇礼开辟了密苑云顶乐园雪场、多乐美地雪场、塞北滑雪场、万龙滑雪场、长城岭滑雪场等大型雪场，之后，崇礼还将新建改建包括北欧中心越野滑雪场、北欧中心跳台滑雪场、冬季两项中心、云顶滑雪公园场地 A 和 B 等五个比赛场地。

对于京津唐地区的滑雪爱好者们来说，这个距离北京 220 公里的冬季运动聚集地已然成为了他们周末体验冰雪运动的绝佳选择。

（四）新疆维吾尔自治区

新疆地大物博，面积达 166 万平方公里，占中国国土总面积六分之一。此外，新疆还是我国古丝绸之路的要道，也是今天丝绸之路经济带上的重要核心区。旅游作为促进沿线各国和地区之间贸易、交通、文化、民间交往的先导产业，具有非常重要的作用。发展旅游，交通先行。近年来新疆在旅游交通上已经形成了公路、铁路、航空综合的运输网络，为打通区域间的旅游交流与合作提供了硬件支持。

2016 年 1 月第十三届全国冬季运动会的顺利举行以及中国西部冰雪旅

游节暨第十一届中国新疆冬季旅游产业交易博览会的召开，给了所有人一个强烈的信号，那就是新疆冰雪旅游的"小宇宙"即将爆发，有望形成"中国冰雪旅游第三极格局"。

为进一步推动冰雪旅游的发展，新疆各地区都在积极利用本地资源优势进行深度市场开发。例如乌鲁木齐新建了占地 477 亩、总建筑面积 77890 平方米的新疆冰上运动管理中心，并对新疆丝绸之路国际滑雪场、天山天池国际滑雪场进行了改扩建，在充分挖掘独特的冰雪旅游资源和人文资源的同时，全面提升冬季冰雪旅游产品的品位；昌吉围绕"冰＋雪"做大冬季旅游文章，打造"环绕乌市，天池赏冰，周边滑雪"的冬季旅游布局，并提出打造"最暖滑雪场"的理念，高规格做好硬件保障和软件服务；作为人类滑雪起源地之一，阿勒泰注重民族文化、民俗风情与冰雪活动的有机结合，近年来每年都通过举办古老传统滑雪比赛、滑雪论坛等活动提高影响力……不难看出，依托新疆各地丰富而优质的冰雪资源，有关新疆冰雪旅游产品也必将越来越受游客青睐。

五、国外主要冰雪旅游资源

美国加州冰雪体验、日本冬日雪趣、瑞士滑雪、英国乡村冰雪游等特色冰雪游产品，都是中国游客青睐的产品。

同时，除了去欧洲、美国、加拿大等地玩雪外，季节特定的冰雪、极光等景观也受到越来越多游客的欢迎。每年 2～3 月，正是观赏俄罗斯贝加尔湖"蓝冰"的最佳时节，因此去往俄罗斯伊尔库茨克等地的自由行、跟团游产品销售火爆。而"北欧多国连线"及"北欧＋俄罗斯"跟团游线路，以"领略绚丽的北极光"项目为卖点，也是人气十足。

日本北海道的热度涨幅非常明显，冬季的北海道最具活力，游客可以赏雪或参加雪地活动，札幌冰雪节、函馆海上冬花火大会都是备受中国游客关注的当地节日。

冬季的英国乡村有着优美的雪景，适合游客们前往深度探索。其中，位于伦敦西南约 30 公里处的盒子山到了白雪皑皑的冬季，会变成一个巨大的滑雪场，孩子和大人们争相从高高的山坡上飞快地滑下，还有很多人在欢乐地打着雪仗，非常热闹。而巴斯天际线则是一条徒步线路，沿途会经过铁器时代留下的山堡遗址，以及 18 世纪的各种宏伟建筑。同时，这条徒步线路还会穿过草地、古老的林地和幽静的山谷。到了冬季，这些地方在霜冻或积雪的衬托下显得尤为灿烂动人。

六、冰雪旅游产品设计时需要注意的事项

1. 冰雪旅游产品面向的是健康状况良好的游客

《旅游法》第十五条规定："旅游者购买、接受旅游服务时，应当向旅游经营者如实告知与旅游活动相关的个人健康信息，遵守旅游活动中的安全警示规定。"第六十二条规定："订立包价旅游合同时，旅行社应当向旅游者告知下列事项：（一）旅游者不适合参加旅游活动的情形；（二）旅游活动中的安全注意事项；（三）旅行社依法可以减免责任的信息。"因此，冰雪旅游产品销售时应该要求客人如实告知自己的健康状况。对于御寒能力差、行动不便的老弱病残孕游客，不予接受报名。旅行社如未尽到上述告知义务的，一旦发生事故，应承担相应的过错责任。

2. 餐饮设计要尽量加强高热量食物

人体在寒冷环境中要维持体温，就必须增加代谢，加之旅游中要消耗不少体力，只有增加营养物质的摄取量才能满足人体需要。冰雪旅游者的膳食中，蛋白质、碳水化合物和脂肪三大营养素以及矿物质、维生素的摄取量都要超过平常，不能像平时一样过分地强调限制脂肪和碳水化合物的摄取量。瘦肉类、蛋类、鲜鱼、豆制品、动物肝脏对补充人体热量很有好处，可适当多安排。另外，要纠正喝酒取暖的错误观念。酒精和水不能产热，相反，酒精会刺激体表的血管，使体表血液循环增加，人感到"发热"，实际上人体在丢失热量。可提醒游客路上准备些零食、巧克力等，带上保温效果好的水杯，早上及午餐时及时为自己的保温杯灌满热水。有些雪乡，夜晚住宿可能会是雪乡火炕，应提醒游客多喝热水，避免嗓子干燥引起的不适。

3. 注意提醒游客滑雪注意事项

（1）检查雪具是否完整：雪鞋、雪板、雪杖，是否完整并配套。

（2）滑雪基本姿势：双膝微曲；眼自然平视远方而不要盯着自己的雪板尖看；重心向前而不要向后，小腿要向前用力压紧雪靴；双手握雪杖向前举起，双肘微曲。初学者不要把手套在杖柄的绳套内。

（3）应急措施：当滑雪摔倒时，重要的是要收颔近胸以防后脑受击。其次是要放松肢体，僵直的身体更容易受伤。摔倒后不要硬撑，一旦失去重心，初学者不要试图重新取得控制，任由摔倒才不易受伤。摔倒爬起时建议初学者脱下雪板，站起后再装上雪板。记住站立时雪板要和雪道垂直。建议在当地聘请专业的滑雪教练，既可以保证安全还可以尽快掌握滑雪技能。

（4）当不滑雪时，务必不要站在滑雪道上。

（5）滑雪时"最好轻装上阵"，贵重物品、现金、首饰、手机等最好不要带在身上。

（6）最好戴隐形眼镜滑雪，外戴"滑雪镜"。

4. 冰雪旅游过程中游客服装的保暖很重要

出发前要提醒游客最外层的衣服应有防风性，内衣要柔软、吸湿、透气，以利保湿、干燥。鞋子要防水防滑，行走过程中注意安全，以防滑倒摔伤。要尽量减少皮肤暴露部位，对易于发生冻疮的部位，有必要经常活动或按摩，同时建议游客自备暖宝宝保持体温。

任务八　海南省体验型旅游产品设计

任务要求

给你所在城市的消费者设计一个海南"六日游"体验型旅游系列新产品（不少于3条旅游线路）。

相关分析

海南是中国唯一的热带海岛旅游度假胜地，具有得天独厚的自然资源和文化优势，但长期以来，海南旅行社靠同一环岛游线路主打市场，争抢同一层面的观光客源市场。单一、老化的旅游产品无法满足市场的需求，无法以价格体现价值。

旅游消费从本质上就是为了追求经历和体验，旅游业的产品设计与服务配置从根本上是为游客塑造独特旅游体验。因此，海南省旅游资源的开发就要通过细分市场、分析多层次游客需求，逐步改造现有观光旅游产品，开发参与性、娱乐性、多元化、个性化的旅游精品。旅游产品体验化设计的目标，是指按照可持续发展的理念，在游客体验与旅游资源保护互动双赢关系的基础上，实现人与自然、文化与环境的和谐共生，由此达到风景与人的和谐发展，即体验旅游的高潮，从而各主体都能获得自身最大利益。海南旅游产品体验化设计的最终目标就是要求人与自然、人与文化、人与环境的和谐共生。其具体设计方向就是让旅游者在差异化、个性化的活动参与中追求身心享受，获得难以忘怀的经历和回忆；让旅行社在提供体验机会和情感性消费中，获得长期的发展机会和持续的经济效益；让海南省在文化与经济的互动作用中，获得最优的综合效益。依托海南省的资源优势，根据市场需求，按照旅游产品体验化设计的目标和步骤，海南省可规划开发和重点推介热带海滨休闲度假游、温泉康乐休闲游、热带雨林探奇游、黎苗风情游、民族文化节庆活动游、特色高尔夫游、体育健身游、海南潜水观光游等主打旅游产品，在人与自然的和谐发展过程中，既能体验海南旅游的精彩，又使各方主体都能获得自身的最大满足。

20世纪70年代，美国著名未来学家阿尔文·托夫勒出版了《未来的冲击》一书，预言体验经济将成为继农业经济、工业经济、服务经济之后的人类第4种经济形态。在此形态下，旅行社靠给消费者提供各种各样的体验来争取顾客，占领市场。1999年，美国两位著名学者B·约瑟夫·派恩和詹姆斯·H·吉尔摩在《体验经济：工作是剧院，业务是舞台》中指出了体验经济的来临。他们认为体验经济指的是旅行社以服务为舞台，以旅游产品为道具，为消费者创造出值得回忆的活动。在体验经济时代，旅行社不再仅仅提供旅游产品和服务，而是提供最终的体验，给消费者留下难忘的愉悦记忆；消费者获得的是一种身体和心理上的体验，并需为这种体验付费。旅游业与体验经济有很好的对接性，旅游消费从本质上就是为了追求经历和体验，旅游业的产品设计与服务配置从根本上是为旅游消费者塑造独特旅游体验。因此，我们从体验经济的角度研究海南省旅游消费与旅游产品开发问题。

一、海南省旅游产品开发现状

近年来，海南旅游产品已经具有相当的规模，一些特色旅游项目在国内已有一定影响，取得了良好的示范性作用。如南山文化旅游区，是集海南生态文化和历史文化为一体，档次较高、特色鲜明的旅游观光景区；以亚龙湾国家旅游度假区为代表的一批建筑风格各异的度假休闲酒店群形成了国内游客冬季避寒的首选度假之地；博鳌亚洲论坛的成功举办，为海南会议旅游的兴起和会议层次的提高树立了良好的典范；包括台达、亚龙湾、博鳌等在内的省内各具特色的海滨型、山地型高尔夫球场的分布密度在国内省市中名列前茅。目前，海南省共有53家A级景区（景点），其中蜈支洲岛、南山、大小洞天等6处景区（景点）已被评为国家5A级景区（景点），三亚大东海、天涯海角等17家为4A级景区。但是，海南省在旅游产品研发方面对客源市场的具体定位尚不清晰，对市场供需变化的反应不够及时，一些景点的开发建设缺乏远期发展规划，部分投资经营者不是靠旅游产品的吸引力和提供优质服务来吸引客源参与市场竞争，而是靠提供高额回扣的竞争来争夺客源。这种不规范的竞争方式，使得一些颇具潜力的旅游产品刚刚问世就夭折，严重制约了海南旅游产品的丰富和完善。长期以来，海南旅行社靠同一条环岛五天四晚游线路主打市场，争抢同一层面的观光客源市场，产品单一、老化、低端，市场优势和核心竞争力日渐式微。

要延长旅游者在琼的逗留时间，提高消费水平，就要通过细分市场、分析多层次游客需求，逐步改造现有观光旅游产品，开发参与性、娱乐性、多元化和个性化的旅游精品，最大限度地发挥出旅游资源效能，增加旅游者的体验效用，产生高附加值的旅游产品，促进旅游业的转型增效，提高海南旅游业的整体效益。

二、海南省旅游产品体验化设计的条件

根据资源、市场两极对应，资源、产品、市场三位一体的旅游产品开发理念，体验经济中海南省旅游产品设计要把握两大前提：一是海南省旅游资源中的体验载体和内容，即差异化的文化和环境，包括海南省独特的自然资源和人文资源。在市场体验需求导向下，可把这些旅游资源加以组合、设计，成为各种体验化旅游产品。二是旅游市场对海南省旅游活动的体验需求，包括娱乐性、知识性、参与性、愉悦性、刺激性以及成就感、解脱感、归属感、荣耀感和冒险感等，它们是体验化旅游产品设计的指向。

三、独特的旅游资源优势是海南省旅游产品体验化设计的载体

海南是中国唯一的热带海岛旅游度假胜地，具有得天独厚的资源优势，主要体现在以下 5 个方面。

一是资源的独有性。海南岛是唯一一个地处热带和亚热带的海岛，对生活在其他气候和环境中的人们有较强的吸引力。

二是资源的多样性。海南有蔚蓝的大海、雪白的浪花、洁净的沙滩、明媚的阳光、凉爽的海风、婀娜的椰林，还有地热温泉、热带雨林、田园风光，资源的多样性让游客得到多方面的享受。

三是资源的质优性。海南的自然资源没有受到污染，没有遭到严重的无序开发，保存得比较完好，特别是神秘的热带雨林，是世界上保存得最好的三大热带雨林之一。

四是民族风情的独特性。岛上居住的黎族同胞，其独有的民族风情，对于渴望体验不同文化的游客有较大的吸引力。

五是资源的集中性。全岛 3.54 万平方千米的陆地上，到处都是旅游风光。加上海南岛独特的环境资源优势，对于饱受城市喧嚣、紧张和污染之苦的游客，可以"换心"、"换肺"、"换脑"，获得各种体验享受。

四、目标市场的体验化消费需求是海南省旅游产品体验化设计的指向

旅游资源是否丰富是发展旅游事业的基本条件之一，但绝非是发展成功与否的决定因素，旅游资源的开发如未能依据市场的需求而进行，它的开发是注定要失败的。目前，海南省国内目标市场重点放在高中端客源层和经济较发达的港、澳、台地区，国际目标市场重点放在地理位置和文化渊源较近的东南亚和日本客源市场，同时以经济发达、国民收入较高的欧美，特别是气候较为寒冷的北美、北欧国家为主。这些地区和国家的休闲业都十分发达，较早地进入了体验经济时代，据统计，美国人大约2/3的收入、1/3的时间和1/3的土地用在了休闲业。

在体验经济时代，旅游者的思想观念、行为方式、需求和消费正在发生巨大的变化，他们寻求个性化的服务，多样化的产品，追求真实与差异，其消费行为有以下基本特点。①从消费内容看，大众化旅游日渐失宠，个性化旅游产品前景看好。②从消费结构看，物质方面需求明显下降，情感体验需求却直线上升，旅游消费者在注重旅游产品和消费质量的同时，更加注重情感的愉悦和满足。③从消费方式看，消费者不再满足被动地接受，而是积极主动参与。④从价值取向看，由注重产品本身价值转变为相当重视消费后的自身感受。另外，由于消费者对文化体验、人道奉献体验、传统寻源体验和猎奇虚幻体验、追崇时尚体验、展示地位体验和健康运动体验等方面的需求将迅猛增加，旅游消费者对旅游方式和旅游产品的选择也将不断发生着变化。

五、海南省旅游产品的体验化设计

（一）体验化设计的步骤

首先是确定主题。主题犹如一篇文章的中心思想、一支乐曲的主旋律，是体验活动展开的依据，缺乏主题的东拼西凑的体验设计，难以给游客留下深刻印象，甚至会事与愿违地造成负面体验。主题的确定应植根于本地的自然、人文和历史资源，应以客源市场的需求为主导方向，突出新、奇、异、美、特，避免与周边邻近地区雷同。几年前，琼海市白石岭景区建起了野人谷，主题是体验刀耕火种时代的少数民族生活，随后，野人谷便一个接一个地沿东线诞生，据说至今已有8个。生搬硬套，杂烩拼凑，根本无知识性、娱乐性可言。

其次是策划活动和设计体验过程。主题确定后，就要根据主题线索设计体验活动过程。体验的前提是参与，要让旅游者真正参与其中，并在参与中积极思索与体会。剧情是参与的内容，必须从故事情节的角度来设计旅游产品。在旅游产品的舞台设计和剧情表演方面，旅行社要为旅游者充分发挥想象力提供巨大的舞台，起着导演的作用；各种体验载体构成了道具和舞台布景；而旅游者和当地居民共同作为演员在舞台上演出，在某些场合要突出旅游者的主角色彩。

最后，是营造体验氛围。在确定主题和体验内容以后，关键的就是要营造一种体验氛围，也就是利用现有的体验资源搭建体验的场景和舞台，让旅游者参与其中。营造氛围的关键是要处理好情与景的关系，情因景生，景因情人，最终达到情景交融的境界。如针对热带雨林探险这一主题，导游可以说："您的冒险即将开始。"而不是："我为您带路，请跟我来。"可以通过服饰、设施、照明、空间布景和饮食等来营造意境，此外，要提供一些能代表其特色和形象的旅游纪念品，让旅游者回味体验。

（二）体验化旅游产品的分类

依托海南省的资源优势，根据市场需求，按照旅游产品体验化设计的目标和步骤，参照海南省规划开发和重点推介的旅游产品，笔者认为可发展以下 8 种主打旅游产品，在开发过程中重点是对旅游产品进行体验化设计。

1. 热带海滨休闲度假游

在海南长达 1528 千米的海岸线上，沙岸占 50%～60%，多数地方风平浪静、海水清澈、沙白如絮、清洁柔软，岸边椰树婀娜、空气清新，海水温度一般为 18～30℃，阳光充足明媚，一年中多数时间可以进行海浴、日光浴、沙浴和风浴。当今度假旅游者喜爱的阳光、海水、沙滩、绿色和空气这五个要素，海南环岛沿岸均兼而有之，自海口至三亚东岸线就有 60 多处可辟为海滨浴场。环岛沿海有不同类型滨海风光特色的景点，在东海岸线上，还有一种特殊的热带海岸森林景观——红树林和一种热带特有的海岸地貌景观——珊瑚礁。因此，在海南省旅游规划开发中可在海口、三亚、文昌、万宁、琼山、琼海等市县周边海滨建设大型的海上游乐项目，让旅游者体验大型游乐场、情侣酒吧、海滩酒吧、蹦极、探险、大型水上世界、海洋公园、垂钓、潜水等项目和活动。

2. 温泉康乐休闲游

海南地下温泉资源丰富，遍及全岛，温泉的品类多、品质好，水温45～92℃，含有人体所需的多种元素，能疗养治病，有益身心健康。开发已初具规模，如万宁兴隆、琼海官塘、保亭七仙岭、三亚南田、儋州蓝洋等地。以后可重点开发海滨温泉、山野温泉、花园温泉、园林温泉、温泉乐园和温泉

SPA，开发融度假休闲、体育锻炼与康乐保健为一体的温泉旅游产品。

3. 热带雨林探奇游

海南省有 5 大热带原始森林区：五指山、坝王岭、尖峰岭、吊罗山和黎母山森林区。热带森林是巨大的物种宝库，内有各种古树名木、奇花异草和珍禽稀兽。绞杀现象、空中花篮、老茎生花、高板根、藤本攀附和根抱石是海南雨林的 6 大奇观；极富观赏价值的 I 类珍稀动物有海南坡鹿、梅花鹿、孔雀雉、云豹等；II 类珍稀动物有穿山甲、猕猴等；珍稀植物有见血封喉树，还有当年装修天安门、人民大会堂用材的树种陆均松等。海南森林大气中富含负氧离子和植物芳香气，细菌含量极少，气候宜人，旅游季节覆盖全年。可策划以热带雨林和海南特色动植物观赏为主题的修学游、夏令营和冬令营、热带雨林度假、养生保健、康复疗养和雨林探险游。

4. 黎苗风情游

除汉族外，世居海南岛的少数民族有黎族、苗族、回族。各少数民族至今保留着许多质朴敦厚的民风民俗和独特的生活习惯，房屋由传统材料建造，采用传统方法耕种，用山泉灌溉农田，靠采摘野菜、打猎和捕鱼为生，吃竹筒饭，喝山兰酒，可以让游客在通什、琼山等地区的村寨体验这些活动，搭建外形传统但内部设施现代化的茅草屋供旅游者过夜，向旅游者销售黎苗传统的织锦等纪念品。

5. 民族文化、节庆活动游

海南本土文化中最有价值的，除了黎苗文化，还有华侨文化。海南拥有300 万华侨、100 万归侨，按人口比例，海南可以称得上是中国第一大华侨省，侨乡文化极其浓郁。兴隆华侨农场、福山咖啡等都属于华侨旅游产品。此外，还可以有针对性地开发出海洋文化、生态文化、巾帼文化、红色文化等，以魅力强大的热带海岛文化为纽带，通过举办海南欢乐节、黎苗三月三、天涯海角国际婚礼节、南山长寿文化节、世界小姐总决赛、金鸡百花电影节、世界太极拳健康大会等节庆文化活动，构筑丰富多彩的南疆文化旅游产品。

6. 特色高尔夫游

海南气候宜人，四季可以打高尔夫球。目前，海南省已建成亚龙湾、日出观光、兴隆康乐园、南燕湾、台达、东山湖、南丽湖、博鳌、绿野等十几个高尔夫球场，建立了高尔夫俱乐部。球场分布在海边、湖边、温泉或中心城市附近以及旅游度假区内，可以举办各类国际国内高尔夫球比赛、高尔夫俱乐部活动以及群体、家庭和个人的高尔夫球度假健身活动。日本到海南旅游的旅游者有三四成是冲着海南高尔夫球来的，目前，正在运营的高尔夫球场已远远不能满足海南旅游发展的需要，可利用海岛地貌的特点，加速建设滨海型、岛屿型、湖滨型、城市型、山野型和温泉型等各具特色的高尔夫球场，把高尔夫球打造成海南岛的"岛球"。

7. 体育健身游

体育运动在国内外有广泛的群众基础，将体育运动与旅游活动有机结合，将会吸引大批的体育爱好者，使旅游者寓健身于游乐之中。可利用海南得天独厚的气候条件，融入各种群众参与性强的比赛运动，如冬季足球、帆船帆板训练、横渡海峡、自行车环岛拉力赛等。此外还可大力开发传统的民族体育项目，打出独具特色的少数民族体育旅游品牌，使之与海南的民族风情游结合在一起。

8. 海南中国潜水观光游

海南省具有得天独厚的潜水条件，海水常年温度宜人，没有污染，透明度 6～10 米，其附近海域拥有世界上最大、最完整的软珊瑚族群以及丰富多彩的硬珊瑚、热带鱼类等海洋生物，被国际潜水专家认为是南太平洋最适宜潜水的旅游胜地之一。潜水是近年来日渐流行的一项水下休闲活动，它刺激而又充满挑战。中国海南潜水的主要活动地区有亚龙湾、大东海、蜈支洲岛、东瑁洲岛、西瑁洲岛、分界洲岛等，可开展潜艇观光、半潜观光、浮潜、海底漫步等体验项目。

任务九　秦皇岛市对俄罗斯旅游产品设计

任务要求

请为秦皇岛旅行社设计一个适合俄罗斯游客的旅游系列新产品（不少于3条旅游线路）。

相关分析

随着中俄旅游合作进一步扩大，秦皇岛市俄罗斯入境旅游人数迅速增长。针对秦皇岛市对俄罗斯入境旅游产品的现状及存在的问题，我们设计相应旅游产品，以满足俄罗斯游客需求，为秦皇岛市俄罗斯入境旅游可持续发展提供参考。

从我国的国际客源结构看，俄罗斯是我国入境旅游市场的重要组成部分，从 1997 年开始，俄罗斯就超过美国成为位居日本、韩国之后我国第三大旅游客源国。因此，积极开拓俄罗斯入境旅游市场，对于增加旅游外汇收入，促进我国旅游经济增长意义重大。

俄罗斯游客来华旅游主要目的地有三亚、秦皇岛、大连、青岛等滨海旅游城市。对于秦皇岛来说，大力发展滨海旅游产业，开拓俄罗斯入境旅游市场，可以把秦皇岛市的区位优势转化为经济优势，增加旅游收入尤其是旅游外汇收入。

一、秦皇岛市对俄罗斯旅游产品开发现状

秦皇岛作为我国著名的滨海旅游城市之一，位于河北省东北部，北靠燕山，南临渤海，东接辽沈，西近京津，距沈阳 404 公里，距北京仅 280 公里，距天津 220 公里。陆地面积 7812.4 平方千米，海岸线 126.4 千米，下辖三区四县。属温带半湿润大陆性季风气候，冬无严寒、夏无酷暑、无台风、无梅雨、四季分明，交通便捷。

从秦皇岛的旅游资源情况来看，秦皇岛的自然资源以山、海闻名。著名的山有祖山、联峰山、角山、长寿山等。其中，祖山拥有成片生长的国内稀有植物天女木兰。北戴河是中国的"夏都"，长期以来因其夏季宜人的气候和中国北方独一无二的优良沙质海岸线，是国内北方地区最优秀的天然浴场及海上活动场所。北戴河别墅群风格各异，现存 200 余座，以独特的历史价值和艺术价值闻名于世。山海关又是全国唯一的集滨海长城、平地长城和高山长城为一体的长城旅游区，是明清建筑保留较多、较好的古城，具有深厚的历史文化底蕴。

从旅游接待设施来看，经过 40 年的发展，秦皇岛市旅游业已经形成了完备的接待体系，旅游产业规模不断扩大。截至 2017 年年底，全市有各档次的宾馆、疗养院及个体旅馆 2000 余家，星级酒店共有 88 家，全市共建有对外经营的旅游景区 38 处，省级特色小镇 6 个，世界文化遗产 1 处，省级旅游度假区 1 处，国家级旅游线路 3 条。除此之外，集发农业观光园、昌黎葡萄沟生态旅游观光园、望峪山庄、鲍子沟、桃林口村为全国农业旅游示范点，渔岛、柳河北山为省级农业旅游示范点；华夏长城葡萄工业园区、朗格斯酒庄为全国工业旅游示范点。秦皇岛市拥有国际、国内旅行社 144 家，其中国际旅行社 10 家，国内旅行社 134 家，定点购物场所 3 处，能满足俄罗斯游客的多方面需求。

从俄罗斯游客旅游需求分析，俄罗斯人非常喜欢太阳，长年寒冷的自然条件使他们对阳光有着独特的情感。他们认为最好的休假方法就是"日光浴"，所以他们经常外出去度假，尤其喜欢去有充足阳光的"3S 旅游地"。中国入境外国游客人数统计（按国籍和目的分）资料显示，俄罗斯游客来华旅游目的以观光度假为主，占 60.15%；其次是商务会议，占 25.63%；探亲访友等其他占 14.22%。而秦皇岛素以北方不冻良港秦皇岛港，万里长城东部起点山海关，旅游避暑胜地北戴河、南戴河黄金海岸和中国玻璃、桥梁工业的摇篮而闻名中外，到这里旅游，能最大限度地满足俄罗斯旅游者体验大海、阳光和沙滩，了解长城文化和民俗风情的需要，因此，秦皇岛对俄罗斯游客有着极大的吸引力，往往成为他们旅游的首选。

但是，目前秦皇岛的旅游产品没能在俄罗斯游客心中树立"滨海度假天堂"的美好形象，尚未形成自己的品牌；而且旅游产品季节性明显，旅游旺季非常短暂；旅游购物品种单一，质量也有待提高；景区旅游活动的参与性不强。

二、秦皇岛市对俄游客旅游产品设计

根据秦皇岛旅游资源及设施现状，针对俄罗斯游客的旅游需求，今后秦皇岛市在对俄罗斯旅游市场营销时，应侧重以下旅游产品的设计和开发。

1. 滨海度假旅游产品

秦皇岛应充分利用其得天独厚的旅游资源优势，侧重将北戴河打造成为俄罗斯人的"度假天堂"。可以针对一些俄罗斯女性患风湿疾病的情况，在北戴河疗养院、星级酒店开设中医中式按摩、针灸等服务，并增强各旅游景区的娱乐性、参与性和知识性，让他们在健身疗养的同时，还可以尽情享受充足的阳光、大海、沙滩，欣赏山川美景，品尝正宗的俄式西餐，收看亲切的本国电视节目。当地的旅游政府部门和旅游企业还要不断优化接待环境，完善休闲疗养健身设施，提高服务质量，使俄罗斯游客在这里就像在自己家里一样，生活得随意、自在、舒心。

2. 商务会议旅游产品

秦皇岛旅游资源丰富，交通便利，气候宜人，政治局势稳定，会展旅游设施完善，经济发达，是中国 14 个进一步对外开放的沿海港口城市之一，是中国对外公布的投资环境 40 优城市之一，这些为秦皇岛发展商务会展旅游提供了优越的条件。而且随着中俄友好关系的发展，中俄双方的政治、经济、科技、文化交流活动将更加频繁，迫切需要秦皇岛市政府整合并完善城市现有商务会议接待设施及配套服务设施，举办更多的大型的品牌国际会展活动，为俄罗斯商务游客提供会议展览、交通、住宿、餐饮、网络、通讯、金融、旅游服务等全方位的商务会议旅游产品和服务，吸引更多的俄罗斯商务旅游者，树立会展旅游目的地的良好形象。

目前，秦皇岛已举办过河北会展峰会、杭州丝绸服装展、秦皇岛旅游节、昌黎国际葡萄酒节、山海关长城节、国际轮滑节、国际观鸟节等会展旅游活动。还应根据中俄双方的贸易展览和俄罗斯民族节事，与俄会展组织机构合作筹办国际性的会展活动，如浪漫婚纱展、陶瓷展、手工艺品展、满族文化艺术节等。

3. 乡村旅游产品

秦皇岛不仅有大海、长城等丰富的旅游资源，还盛产农副产品。因此，可以对俄罗斯游客开发乡村旅游产品，建立果蔬采摘基地，吸引大批的俄罗斯旅游者前来，让俄游客能够体验独特的乡村民俗风情，品尝农家饭，采摘新鲜水果蔬菜，增加旅游产品的参与性和趣味性。例如，北戴河集发农业生态观光园、昌黎葡萄沟、山海关大樱桃园、南大寺的水蜜桃、久保大桃等。

4. 特色购物旅游产品

旅游购物是旅游者旅游活动的一部分，统计资料显示，在旅游商品消费方面，俄罗斯游客较其他游客花费多。而且来自俄罗斯的旅游者对旅游商品的购买主要为当地的服装、特色纪念品和茶叶，尤其服装是他们旅游购物的首选。其次，丝绸、电器和中成药，也较受俄罗斯旅游者的欢迎。因此，秦皇岛各旅游部门和当地居民应加强合作，根据俄罗斯游客需求设计适销对路的有秦皇岛特色的旅游商品，保证质量，并集中在传统的特色旅游商品购物步行街销售，创建品牌。例如：海港区太阳城旅游购物步行街（主要为中外服饰、名特茶叶、海鲜干货、本地特色产品）、山海关古城北街古文化购物街（主要为古玩和文物藏品）、北戴河石塘路天鹅堡商业街（主要为珍珠项链、贝雕、旅游工艺品、饰品、纪念品、民间传统手工艺品、海产品等）、万腾水乐园地方特产购物中心（主要为青龙油栗、石门核桃、昌黎蜜梨和玫瑰香葡萄、南大寺水蜜桃以及华夏长城干红葡萄酒等全市土特产品）、奥体中心（主要为丝绸服装等）。

此外，秦皇岛市在加快对上述旅游产品开发的同时，对俄罗斯旅游服务人力资源的建设与开发也不容忽视。随着俄罗斯入境旅游者迅速增加，对俄旅游服务人员的配备也应与之相适应，即旅游地在开发旅游产品的同时，应培养出既懂俄语又懂旅游的复合型俄语旅游服务人才。

任务十　古村落体验旅游产品设计的策略初探

任务要求

根据你所在城市周边古村落旅游资源，设计一个古村落体验旅游系列新产品（不少于 3 条旅游线路）。

相关分析

中国古村落独特的历史、文化、经济、旅游价值正越来越为人们所认识。根据古村落旅游产品的特性，科学合理地策划、设计，充分从旅游者体验的角度，将旅游者的参与性、互动性融入到古村落旅游产品的开发设计当中，从而真正实现古村落旅游产品的可持续发展，延长古村落旅游产品的生命周期。

一、古村落与古村落体验旅游产品的内涵界定

在我国，古村落的概念源于 20 世纪 80 年代末，学者刘沛林认为，"古村落或传统村落，又称为历史文化村落。主要是指宋元明清时期遗留下来的古代村落，村落地域基本未变，而环境、建筑、历史文脉、传统氛围等均保存较好的村落"。中国民间文艺家协会主席冯骥才先生也认为古村落应具备三个条件：一是有鲜明的地域个性；二是建筑格局保存得较为整体和系统；三是有较丰厚的物质和非物质的文化遗产。虽然目前还没有关于古村落的统一定义，但古村落旅游已成为旅游业界近年来一直持续升温的一块"蛋糕"。

古村落原本不是作为一种旅游资源而存在，而是在特定历史中形成并保存至今的传统乡村聚居地，是中国传统社会结构的最基本形式，是我国几千年农耕文化的缩影。如今，散落在中国大地上的古村落大约有 5000 处遗存，其年代久远，建筑风格独特古朴，民风民俗淳朴，乡土人文气息浓厚，自然环境山清水秀，历史文化信息丰富深邃。具有古老、独特的建筑外观和丰富文化内涵的古村落既是我国传统文化的丰富宝藏，也构成了别具特色的旅游资源，成为一种新兴的旅游产品。

古村落体验旅游产品是以古村落旅游服务为舞台，以古村落及其旅游设施为道具，以旅游者追求旅游愉悦为目标，在整个旅游过程中通过沟通、互动、游览和消费等方式，使旅游者体验放松、新奇等独特的精神享受的一种经历。

二、体验经济时代古村落旅游产品的特征

约瑟夫·派恩和詹姆斯·吉尔摩在《哈佛商业评论》中提出"体验经济时代已经来临",他们认为"体验是以服务为舞台、以产品为基础来使消费者融入其中,并且使消费者产生美好感觉,从而让消费者为'体验'付费"。随着旅游业的发展,体验经济时代的到来,个性化的旅游方式越来越受到人们的追捧,旅游者的旅游活动由传统的观光向追求高质量的旅游体验转变,旅游经营者的中心任务也由单纯提供旅游产品与服务向为游客塑造难以忘怀的旅游体验转变,"体验旅游"正悄然呈现。同时,由于城市化进程的加快发展,现代社会的激烈竞争,城市生活的枯燥,旅游者在日常生活之外更加追求一种与城市迥异的乡村生活和参与性较强的旅游体验。古村落以其丰富的历史遗存和"活态"的原生态风貌,成为体验旅游的理想目的地。

1. 原真性

古村落作为承载我国地方传统文化的载体,是历史文脉延续的重要场所,古村落旅游是区域性和地方性的旅游活动。融入本土生活元素、生活气息、生活情趣的乡村旅游产品成为现代旅游者参加古村落旅游的重要因素。人们期望能在观光中观察生活、在度假中体验生活、在休闲中品味生活,因此,古村落体验旅游产品浓郁的生活元素、本土和原真性的环境已成为乡村体验旅游产品不可或缺的部件。

2. 互动性

在古村落旅游体验中,旅游者已不再满足于以往被动地接受旅行社的诱导和安排,而是积极主动地参与旅游产品的设计与制造,将自己融入其中。从一个观众转变为一个"演员",与其他"演员"一起参与互动,与当地居民一起进行民俗文化交流,保护古村落旅游生态环境。

3. 独特性

古村落体验旅游产品是营造古村落体验和经历的旅游产品。这种体验就是以古村落资源为舞台,以环境为背景,以文化为内涵,以设施为载体,以服务为支撑,围绕一个鲜活生动的主题引领旅游者进入一个精心营造好的场景,让其通过亲身的参与获得愉快的经历,留下难忘的回忆。

4. 生态性

古村落体验旅游产品体现了资源规划开发的生态化、旅游管理的生态化、旅游设施的生态化、旅游行为的生态化、旅游服务的生态化等。

5. 多样性

古村落旅游产品的多样性主要体现在体验形式、体验产品、体验内容多样化。只有多样化才能满足多样的旅游者的旅游需求，丰富古村落旅游活动，增强古村落旅游的生命力和吸引力。多样性是对古村落旅游深层次开发的体现，也是深层次经营的结果。

三、古村落体验旅游产品设计的原则

（一）消费者需求原则

当前的旅游消费市场已转变为买方市场，市场发展的规律是，旅游产品的开发和设计应紧紧围绕旅游者的需求，古村落旅游也不例外。古村落体验旅游产品的设计应根据旅游消费者的需求特点，以旅游者需求为原则，结合自身条件，合理整合古村落现有资源，进行旅游体验设计。

古村落体验旅游中的旅游者需求主要可以分为四种类型，集合了感官体验、情感体验、精神体验、智慧体验等不同的体验。

1. 娱乐体验需求

在古村落体验旅游中，各种充满地方风味和民俗风情的文娱演出和活动，对旅游者具有很强的吸引力。旅游者希望通过观看演出和亲自参与各种文娱活动，利用各种器官达到精神愉悦。

2. 教育体验需求

对于参加古村落旅游的城市旅游者来说，古村落是一个充满新奇的未知世界，传统的农事活动和空间布局，独特的民风民俗和建筑风格、淳朴的人际关系都使参与旅游的旅游者感到好奇，旅游者对其有强烈的认知意愿。古村落体验旅游中的旅游者可以通过愉快的旅游体验，通过积极的参与，达到求知的目的。

3. 逃避体验需求

在现代社会中，随着城市化和工业化社会的发展，人们的生活活动如同执行公事，公式化而缺乏灵活和变化，生活节奏不断加快。生活上的单一化和快节奏容易使人在精神上产生一种单调的紧张和厌倦。古村落淳朴的民风和原生态的环境是人们改变生活节奏、减轻疲劳和紧张的理想对象。

4. 审美体验需求

旅游者在古村落旅游过程中，通过对古村落自然生态环境、古村落的生产生活、古村落特有的民俗文化等各种各样的自然景观和人文景观的感知、观察和品评，都会欣赏到其中美的形象，从而产生美感这种高级的情感愉

悦，达到自然美、艺术美、社会美综合性审美需求。

（二）目标市场原则

在古村落体验旅游产品设计前应做全面的市场调查，从旅游消费者人口、心理、行为，古村落开发阶段、特色等角度对旅游消费者进行市场细分，然后依据目标市场设计体验旅游产品。

1. 根据消费者人口、心理、行为等因素确定目标市场

例如，根据地理分布划分的旅游消费者来看，城市市区和近郊客源市场是大部分古村落旅游的主要客源市场。其次，港澳台、欧美、日韩的旅游者也是一些开发较好的古村落，如西递、宏村等的旅游主力。从旅游目的地的吸引力来看，古村落旅游对城市客源的吸引力主要来自乡村文化与现代文明，城市快节奏的生活方式与乡村闲适生活的差异化；对于港澳台和日韩市场的吸引力更多来源于同宗同族或相关文化的亲切感；对欧美市场的吸引力依赖于东西方乡村文化的差异化。根据古村落主要目标需求市场，结合旅游者特点，可以有针对性地进行旅游体验设计。

2. 根据古村落旅游开发阶段、特色等因素确定目标市场

例如，根据旅游开发的不同阶段，一般在古村落旅游开发前期，受基础设施和景区知名度的影响，旅游者类型主要为科考修学旅游者，如考古学家、历史学家、文学家、艺术家等，科考修学是他们出游的最主要的目的。除科学考察人员之外，一部分具有冒险精神的自助旅游者也可能参与其中。开发中后期的旅游者则类型多样化，他们对古村落的旅游形式要求也逐步多样化。根据古村落旅游开发阶段，针对开发初、中、后期的目标市场，从不同角度进行旅游体验设计，最大限度发挥古村落景区特色。

四、古村落体验旅游产品设计的主要策略

根据古村落体验旅游产品的特点，结合产品设计原则，为满足旅游者体验需求而将古村落各种体验元素加以组合更新，进行旅游产品体验化的设计。具体而言，可采用以下几种方法。

1. 主题化设计方法

主题是体验的基础和灵魂，是充分体现旅游资源特色和吸引旅游者的关键所在。主题就如同一篇文章的中心思想，一支乐曲的主旋律，好的主题能加强旅游者在活动中的综合体验感，提升旅游产品的活动品位和体验价值；缺乏主题和东拼西凑的体验设计，难以给旅游者留下深刻印象，甚至会事与愿违地造成负面体验。

在古村落体验旅游产品设计中，首先应对景区进行主题定位，进行主题化设计。即针对古村落的地理位置、历史渊源、建筑年代、社会生活、民俗风情等因素加以组合和设计，提炼出鲜明的体验主题，突出资源的独特吸引力，形成主题品牌。如古村落生态体验旅游、古村落文化体验旅游、古村落休闲体验旅游、古村落娱乐体验旅游等主题。主题的确立将有助于丰富旅游者体验内容，提升旅游者的感知价值。

2. 情境化设计方法

情境化是指旅游活动发生时的环境、场景、道具和氛围，是旅游空间概念的延伸和发展。任何旅游活动都是在特定情境下进行的。同样的活动内容，情境不同，旅游体验效果也大不一样。例如，同样是风味餐，在酒店的餐厅用餐与在古村落环境中用餐，体验效果完全不同。因此旅游体验设计应注重情境化设计。

用情境化的手法设计古村落体验旅游，对旅游要素"食、宿、行、游、娱、购"等各个环节，从色彩、声音、质地等方面着手，渲染"情境"氛围，让古村落景区环境变成制造情境的手段，让景观环境成为体验过程中的道具和工具，最后达到旅游者在情境之中体验和感悟的效果。

3. 本土化设计方法

本土化即为结合当地现有资源，发挥地方特色，从而形成有别于其他的地域性风格。对古村落进行体验旅游本土化的设计，就是要将本土化的元素，如本土化的材料、本土化植物、本土化建筑风貌融入古村落体验旅游设计之中，达到返璞归真的设计风格，开发本土化的游憩方式，创建本土化景观环境。例如，通过当地民俗和民间节日聚集人气，将旅游方式与当地民俗和生活习惯相结合；设计一条商业集市街，将铁匠铺、小裁缝铺、百货小摊、小酒馆、小茶房等穿插其中，体验古村落昔日风情；采用当地特产的石材、竹木材料搭建景区建筑，营造古村落地域特色。

在古村落应尽可能注重本土化文化的挖掘，在自然景物的开发中保持其自然本色，在历史遗迹开发中尽可能按历史文献恢复其本来面目，景区从业人员应把自己融入到所扮演的角色中，为旅游者创造自然真实、原汁原味的旅游环境。

4. 互动化设计方法

体验的前提是参与，如果没有参与，而仅仅是走马观花似的旁观，就得不到真正的体验。增强游客体验的重要措施就是提高游客的参与性、互动性。参与并通过互动与亲身体验可以更深入地学习。因此，古村落体验旅游产品设计应体现参与性、互动性。

互动化体验设计体现在旅游者利用视觉、听觉、嗅觉等感觉器官参与体验，或旅游者运用 DIY 等方式设计体验过程等，旅游者可以尽可能多地参与古村落旅游体验，实现景区项目与游客的互动。参与性与互动性有助于提高游客旅游经历的质量，使体验更加具体、形象，增强游客与景区之间的感情联系。

附录 中华人民共和国旅游法

（2013 年 4 月 25 日第十二届全国人民代表大会常务委员会第二次会议通过，2013 年 10 月 1 日起实施，2016 年修订）

第一章 总 则

第一条 为保障旅游者和旅游经营者的合法权益，规范旅游市场秩序，保护和合理利用旅游资源，促进旅游业持续健康发展，制定本法。

第二条 在中华人民共和国境内的和在中华人民共和国境内组织到境外的游览、度假、休闲等形式的旅游活动以及为旅游活动提供相关服务的经营活动，适用本法。

第三条 国家发展旅游事业，完善旅游公共服务，依法保护旅游者在旅游活动中的权利。

第四条 旅游业发展应当遵循社会效益、经济效益和生态效益相统一的原则。国家鼓励各类市场主体在有效保护旅游资源的前提下，依法合理利用旅游资源。利用公共资源建设的游览场所应当体现公益性质。

第五条 国家倡导健康、文明、环保的旅游方式，支持和鼓励各类社会机构开展旅游公益宣传，对促进旅游业发展做出突出贡献的单位和个人给予奖励。

第六条 国家建立健全旅游服务标准和市场规则，禁止行业垄断和地区垄断。旅游经营者应当诚信经营，公平竞争，承担社会责任，为旅游者提供安全、健康、卫生、方便的旅游服务。

第七条 国务院建立健全旅游综合协调机制，对旅游业发展进行综合协调。

县级以上地方人民政府应当加强对旅游工作的组织和领导，明确相关部门或者机构，对本行政区域的旅游业发展和监督管理进行统筹协调。

第八条 依法成立的旅游行业组织，实行自律管理。

第二章 旅 游 者

第九条 旅游者有权自主选择旅游产品和服务，有权拒绝旅游经营者的强制交易行为。

旅游者有权知悉其购买的旅游产品和服务的真实情况。

旅游者有权要求旅游经营者按照约定提供产品和服务。

第十条　旅游者的人格尊严、民族风俗习惯和宗教信仰应当得到尊重。

第十一条　残疾人、老年人、未成年人等旅游者在旅游活动中依照法律、法规和有关规定享受便利和优惠。

第十二条　旅游者在人身、财产安全遇有危险时，有请求救助和保护的权利。

旅游者人身、财产受到侵害的，有依法获得赔偿的权利。

第十三条　旅游者在旅游活动中应当遵守社会公共秩序和社会公德，尊重当地的风俗习惯、文化传统和宗教信仰，爱护旅游资源，保护生态环境，遵守旅游文明行为规范。

第十四条　旅游者在旅游活动中或者在解决纠纷时，不得损害当地居民的合法权益，不得干扰他人的旅游活动，不得损害旅游经营者和旅游从业人员的合法权益。

第十五条　旅游者购买、接受旅游服务时，应当向旅游经营者如实告知与旅游活动相关的个人健康信息，遵守旅游活动中的安全警示规定。

旅游者对国家应对重大突发事件暂时限制旅游活动的措施以及有关部门、机构或者旅游经营者采取的安全防范和应急处置措施，应当予以配合。

旅游者违反安全警示规定，或者对国家应对重大突发事件暂时限制旅游活动的措施、安全防范和应急处置措施不予配合的，依法承担相应责任。

第十六条　出境旅游者不得在境外非法滞留，随团出境的旅游者不得擅自分团、脱团。

入境旅游者不得在境内非法滞留，随团入境的旅游者不得擅自分团、脱团。

第三章　旅游规划和促进

第十七条　国务院和县级以上地方人民政府应当将旅游业发展纳入国民经济和社会发展规划。

国务院和省、自治区、直辖市人民政府以及旅游资源丰富的设区的市和县级人民政府，应当按照国民经济和社会发展规划的要求，组织编制旅游发展规划。对跨行政区域且适宜进行整体利用的旅游资源进行利用时，应当由上级人民政府组织编制或者由相关地方人民政府协商编制统一的旅游发展规划。

第十八条　旅游发展规划应当包括旅游业发展的总体要求和发展目标，旅游资源保护和利用的要求和措施，以及旅游产品开发、旅游服务质量提升、旅游文化建设、旅游形象推广、旅游基础设施和公共服务设施建设的要求和促进措施等内容。

根据旅游发展规划，县级以上地方人民政府可以编制重点旅游资源开发利用的专项规划，对特定区域内的旅游项目、设施和服务功能配套提出专门要求。

第十九条　旅游发展规划应当与土地利用总体规划、城乡规划、环境保护规划以及其他自然资源和文物等人文资源的保护和利用规划相衔接。

第二十条　各级人民政府编制土地利用总体规划、城乡规划，应当充分考虑相关旅游项目、设施的空间布局和建设用地要求。规划和建设交通、通信、供水、供电、环保等基础设施和公共服务设施，应当兼顾旅游业发展的需要。

第二十一条　对自然资源和文物等人文资源进行旅游利用，必须严格遵守有关法律、法规的规定，符合资源、生态保护和文物安全的要求，尊重和维护当地传统文化和习俗，维护资源的区域整体性、文化代表性和地域特殊性，并考虑军事设施保护的需要。有关主管部门应当加强对资源保护和旅游利用状况的监督检查。

第二十二条　各级人民政府应当组织对本级政府编制的旅游发展规划的执行情况进行评估，并向社会公布。

第二十三条　国务院和县级以上地方人民政府应当制定并组织实施有利于旅游业持续健康发展的产业政策，推进旅游休闲体系建设，采取措施推动区域旅游合作，鼓励跨区域旅游线路和产品开发，促进旅游与工业、农业、商业、文化、卫生、体育、科教等领域的融合，扶持少数民族地区、革命老区、边远地区和贫困地区旅游业发展。

第二十四条　国务院和县级以上地方人民政府应当根据实际情况安排资金，加强旅游基础设施建设、旅游公共服务和旅游形象推广。

第二十五条　国家制定并实施旅游形象推广战略。国务院旅游主管部门统筹组织国家旅游形象的境外推广工作，建立旅游形象推广机构和网络，开展旅游国际合作与交流。

县级以上地方人民政府统筹组织本地的旅游形象推广工作。

第二十六条　国务院旅游主管部门和县级以上地方人民政府应当根据需

要建立旅游公共信息和咨询平台，无偿向旅游者提供旅游景区、线路、交通、气象、住宿、安全、医疗急救等必要信息和咨询服务。设区的市和县级人民政府有关部门应当根据需要在交通枢纽、商业中心和旅游者集中场所设置旅游咨询中心，在景区和通往主要景区的道路设置旅游指示标识。

旅游资源丰富的设区的市和县级人民政府可以根据本地的实际情况，建立旅游客运专线或者游客中转站，为旅游者在城市及周边旅游提供服务。

第二十七条　国家鼓励和支持发展旅游职业教育和培训，提高旅游从业人员素质。

第四章　旅　游　经　营

第二十八条　设立旅行社，招徕、组织、接待旅游者，为其提供旅游服务，应当具备下列条件，取得旅游主管部门的许可，依法办理工商登记：

（一）有固定的经营场所；

（二）有必要的营业设施；

（三）有符合规定的注册资本；

（四）有必要的经营管理人员和导游；

（五）法律、行政法规规定的其他条件。

第二十九条　旅行社可以经营下列业务：

（一）境内旅游；

（二）出境旅游；

（三）边境旅游；

（四）入境旅游；

（五）其他旅游业务。

旅行社经营前款第二项和第三项业务，应当取得相应的业务经营许可，具体条件由国务院规定。

第三十条　旅行社不得出租、出借旅行社业务经营许可证，或者以其他形式非法转让旅行社业务经营许可。

第三十一条　旅行社应当按照规定交纳旅游服务质量保证金，用于旅游者权益损害赔偿和垫付旅游者人身安全遇有危险时紧急救助的费用。

第三十二条　旅行社为招徕、组织旅游者发布信息，必须真实、准确，不得进行虚假宣传，误导旅游者。

第三十三条　旅行社及其从业人员组织、接待旅游者，不得安排参观或者参与违反我国法律、法规和社会公德的项目或者活动。

第三十四条　旅行社组织旅游活动应当向合格的供应商订购产品和服务。

第三十五条　旅行社不得以不合理的低价组织旅游活动，诱骗旅游者，并通过安排购物或者另行付费旅游项目获取回扣等不正当利益。

旅行社组织、接待旅游者，不得指定具体购物场所，不得安排另行付费旅游项目。但是，经双方协商一致或者旅游者要求，且不影响其他旅游者行程安排的除外。

发生违反前两款规定情形的，旅游者有权在旅游行程结束后三十日内，要求旅行社为其办理退货并先行垫付退货货款，或者退还另行付费旅游项目的费用。

第三十六条　旅行社组织团队出境旅游或者组织、接待团队入境旅游，应当按照规定安排领队或者导游全程陪同。

第三十七条　参加导游资格考试成绩合格，与旅行社订立劳动合同或者在相关旅游行业组织注册的人员，可以申请取得导游证。

第三十八条　旅行社应当与其聘用的导游依法订立劳动合同，支付劳动报酬，缴纳社会保险费用。

旅行社临时聘用导游为旅游者提供服务的，应当全额向导游支付本法第六十条第三款规定的导游服务费用。

旅行社安排导游为团队旅游提供服务的，不得要求导游垫付或者向导游收取任何费用。

第三十九条　取得导游证，具有相应的学历、语言能力和旅游从业经历，并与委派其从事领队业务的取得出境旅游业务经营许可的旅行社订立劳动合同。

第四十条　导游和领队为旅游者提供服务必须接受旅行社委派，不得私自承揽导游和领队业务。

第四十一条　导游和领队从事业务活动，应当佩戴导游证，遵守职业道德，尊重旅游者的风俗习惯和宗教信仰，应当向旅游者告知和解释旅游文明行为规范，引导旅游者健康、文明旅游，劝阻旅游者违反社会公德的行为。

导游和领队应当严格执行旅游行程安排，不得擅自变更旅游行程或者中止服务活动，不得向旅游者索取小费，不得诱导、欺骗、强迫或者变相强迫旅游者购物或者参加另行付费旅游项目。

第四十二条　景区开放应当具备下列条件，并听取旅游主管部门的意见：

（一）有必要的旅游配套服务和辅助设施；

（二）有必要的安全设施及制度，经过安全风险评估，满足安全条件；

（三）有必要的环境保护设施和生态保护措施；

（四）法律、行政法规规定的其他条件。

第四十三条　利用公共资源建设的景区的门票以及景区内的游览场所、交通工具等另行收费项目，实行政府定价或者政府指导价，严格控制价格上涨。拟收费或者提高价格的，应当举行听证会，征求旅游者、经营者和有关方面的意见，论证其必要性、可行性。

利用公共资源建设的景区，不得通过增加另行收费项目等方式变相涨价；另行收费项目已收回投资成本的，应当相应降低价格或者取消收费。

公益性的城市公园、博物馆、纪念馆等，除重点文物保护单位和珍贵文物收藏单位外，应当逐步免费开放。

第四十四条　景区应当在醒目位置公示门票价格、另行收费项目的价格及团体收费价格。景区提高门票价格应当提前六个月公布。

将不同景区的门票或者同一景区内不同游览场所的门票合并出售的，合并后的价格不得高于各单项门票的价格之和，且旅游者有权选择购买其中的单项票。

景区内的核心游览项目因故暂停向旅游者开放或者停止提供服务的，应当公示并相应减少收费。

第四十五条　景区接待旅游者不得超过景区主管部门核定的最大承载量。景区应当公布景区主管部门核定的最大承载量，制定和实施旅游者流量控制方案，并可以采取门票预约等方式，对景区接待旅游者的数量进行控制。

旅游者数量可能达到最大承载量时，景区应当提前公告并同时向当地人民政府报告，景区和当地人民政府应当及时采取疏导、分流等措施。

第四十六条　城镇和乡村居民利用自有住宅或者其他条件依法从事旅游经营，其管理办法由省、自治区、直辖市制定。

第四十七条　经营高空、高速、水上、潜水、探险等高风险旅游项目，应当按照国家有关规定取得经营许可。

第四十八条　通过网络经营旅行社业务的，应当依法取得旅行社业务经营许可，并在其网站主页的显著位置标明其业务经营许可证信息。

发布旅游经营信息的网站，应当保证其信息真实、准确。

第四十九条　为旅游者提供交通、住宿、餐饮、娱乐等服务的经营者，应当符合法律、法规规定的要求，按照合同约定履行义务。

第五十条　旅游经营者应当保证其提供的商品和服务符合保障人身、财产安全的要求。

旅游经营者取得相关质量标准等级的，其设施和服务不得低于相应标准；未取得质量标准等级的，不得使用相关质量等级的称谓和标识。

第五十一条　旅游经营者销售、购买商品或者服务，不得给予或者收受贿赂。

第五十二条　旅游经营者对其在经营活动中知悉的旅游者个人信息，应当予以保密。

第五十三条　从事道路旅游客运的经营者应当遵守道路客运安全管理的各项制度，并在车辆显著位置明示道路旅游客运专用标识，在车厢内显著位置公示经营者和驾驶人信息、道路运输管理机构监督电话等事项。

第五十四条　景区、住宿经营者将其部分经营项目或者场地交由他人从事住宿、餐饮、购物、游览、娱乐、旅游交通等经营的，应当对实际经营者的经营行为给旅游者造成的损害承担连带责任。

第五十五条　旅游经营者组织、接待出入境旅游，发现旅游者从事违法活动或者有违反本法第十六条规定情形的，应当及时向公安机关、旅游主管部门或者我国驻外机构报告。

第五十六条　国家根据旅游活动的风险程度，对旅行社、住宿、旅游交通以及本法第四十七条规定的高风险旅游项目等经营者实施责任保险制度。

第五章　旅游服务合同

第五十七条　旅行社组织和安排旅游活动，应当与旅游者订立合同。

第五十八条　包价旅游合同应当采用书面形式，包括下列内容：

（一）旅行社、旅游者的基本信息；

（二）旅游行程安排；

（三）旅游团成团的最低人数；

（四）交通、住宿、餐饮等旅游服务安排和标准；

（五）游览、娱乐等项目的具体内容和时间；

（六）自由活动时间安排；

（七）旅游费用及其交纳的期限和方式；

（八）违约责任和解决纠纷的方式；

（九）法律、法规规定和双方约定的其他事项。

订立包价旅游合同时，旅行社应当向旅游者详细说明前款第二项至第八项所载内容。

第五十九条　旅行社应当在旅游行程开始前向旅游者提供旅游行程单。旅游行程单是包价旅游合同的组成部分。

第六十条　旅行社委托其他旅行社代理销售包价旅游产品并与旅游者订立包价旅游合同的，应当在包价旅游合同中载明委托社和代理社的基本信息。

旅行社依照本法规定将包价旅游合同中的接待业务委托给地接社履行的，应当在包价旅游合同中载明地接社的基本信息。

安排导游为旅游者提供服务的，应当在包价旅游合同中载明导游服务费用。

第六十一条　旅行社应当提示参加团队旅游的旅游者按照规定投保人身意外伤害保险。

第六十二条　订立包价旅游合同时，旅行社应当向旅游者告知下列事项：

（一）旅游者不适合参加旅游活动的情形；

（二）旅游活动中的安全注意事项；

（三）旅行社依法可以减免责任的信息；

（四）旅游者应当注意的旅游目的地相关法律、法规和风俗习惯、宗教禁忌，依照中国法律不宜参加的活动等；

（五）法律、法规规定的其他应当告知的事项。

在包价旅游合同履行中，遇有前款规定事项的，旅行社也应当告知旅游者。

第六十三条　旅行社招徕旅游者组团旅游，因未达到约定人数不能出团的，组团社可以解除合同。但是，境内旅游应当至少提前七日通知旅游者，出境旅游应当至少提前三十日通知旅游者。

因未达到约定人数不能出团的，组团社经征得旅游者书面同意，可以委托其他旅行社履行合同。组团社对旅游者承担责任，受委托的旅行社对组团社承担责任。旅游者不同意的，可以解除合同。

因未达到约定的成团人数解除合同的，组团社应当向旅游者退还已收取的全部费用。

第六十四条　旅游行程开始前，旅游者可以将包价旅游合同中自身的权利义务转让给第三人，旅行社没有正当理由的不得拒绝，因此增加的费用由旅游者和第三人承担。

第六十五条　旅游行程结束前，旅游者解除合同的，组团社应当在扣除必要的费用后，将余款退还旅游者。

第六十六条　旅游者有下列情形之一的，旅行社可以解除合同：

（一）患有传染病等疾病，可能危害其他旅游者健康和安全的；

（二）携带危害公共安全的物品且不同意交有关部门处理的；

（三）从事违法或者违反社会公德的活动的；

（四）从事严重影响其他旅游者权益的活动，且不听劝阻、不能制止的；

（五）法律规定的其他情形。

因前款规定情形解除合同的，组团社应当在扣除必要的费用后，将余款退还旅游者；给旅行社造成损失的，旅游者应当依法承担赔偿责任。

第六十七条　因不可抗力或者旅行社、履行辅助人已尽合理注意义务仍不能避免的事件，影响旅游行程的，按照下列情形处理：

（一）合同不能继续履行的，旅行社和旅游者均可以解除合同。合同不能完全履行的，旅行社经向旅游者作出说明，可以在合理范围内变更合同；旅游者不同意变更的，可以解除合同。

（二）合同解除的，组团社应当在扣除已向地接社或者履行辅助人支付且不可退还的费用后，将余款退还旅游者；合同变更的，因此增加的费用由旅游者承担，减少的费用退还旅游者。

（三）危及旅游者人身、财产安全的，旅行社应当采取相应的安全措施，因此支出的费用，由旅行社与旅游者分担。

（四）造成旅游者滞留的，旅行社应当采取相应的安置措施。因此增加的食宿费用，由旅游者承担；增加的返程费用，由旅行社与旅游者分担。

第六十八条　旅游行程中解除合同的，旅行社应当协助旅游者返回出发地或者旅游者指定的合理地点。由于旅行社或者履行辅助人的原因导致合同解除的，返程费用由旅行社承担。

第六十九条　旅行社应当按照包价旅游合同的约定履行义务，不得擅自变更旅游行程安排。

经旅游者同意，旅行社将包价旅游合同中的接待业务委托给其他具有相应资质的地接社履行的，应当与地接社订立书面委托合同，约定双方的权利和义务，向地接社提供与旅游者订立的包价旅游合同的副本，并向地接社支付不低于接待和服务成本的费用。地接社应当按照包价旅游合同和委托合同提供服务。

第七十条　旅行社不履行包价旅游合同义务或者履行合同义务不符合约定的，应当依法承担继续履行、采取补救措施或者赔偿损失等违约责任；造成旅游者人身损害、财产损失的，应当依法承担赔偿责任。旅行社具备履行条件，经旅游者要求仍拒绝履行合同，造成旅游者人身损害、滞留等严重后果的，旅游者还可以要求旅行社支付旅游费用一倍以上三倍以下的赔偿金。

由于旅游者自身原因导致包价旅游合同不能履行或者不能按照约定履行，或者造成旅游者人身损害、财产损失的，旅行社不承担责任。

在旅游者自行安排活动期间，旅行社未尽到安全提示、救助义务的，应当对旅游者的人身损害、财产损失承担相应责任。

第七十一条　由于地接社、履行辅助人的原因导致违约的，由组团社承担责任；组团社承担责任后可以向地接社、履行辅助人追偿。

由于地接社、履行辅助人的原因造成旅游者人身损害、财产损失的，旅游者可以要求地接社、履行辅助人承担赔偿责任，也可以要求组团社承担赔偿责任；组团社承担责任后可以向地接社、履行辅助人追偿。但是，由于公共交通经营者的原因造成旅游者人身损害、财产损失的，由公共交通经营者依法承担赔偿责任，旅行社应当协助旅游者向公共交通经营者索赔。

第七十二条　旅游者在旅游活动中或者在解决纠纷时，损害旅行社、履行辅助人、旅游从业人员或者其他旅游者的合法权益的，依法承担赔偿责任。

第七十三条　旅行社根据旅游者的具体要求安排旅游行程，与旅游者订立包价旅游合同的，旅游者请求变更旅游行程安排，因此增加的费用由旅游者承担，减少的费用退还旅游者。

第七十四条　旅行社接受旅游者的委托，为其代订交通、住宿、餐饮、游览、娱乐等旅游服务，收取代办费用的，应当亲自处理委托事务。因旅行社的过错给旅游者造成损失的，旅行社应当承担赔偿责任。

旅行社接受旅游者的委托，为其提供旅游行程设计、旅游信息咨询等服务的，应当保证设计合理、可行，信息及时、准确。

第七十五条　住宿经营者应当按照旅游服务合同的约定为团队旅游者提供住宿服务。住宿经营者未能按照旅游服务合同提供服务的，应当为旅游者提供不低于原定标准的住宿服务，因此增加的费用由住宿经营者承担；但由于不可抗力、政府因公共利益需要采取措施造成不能提供服务的，住宿经营者应当协助安排旅游者住宿。

第六章　旅游安全

第七十六条　县级以上人民政府统一负责旅游安全工作。县级以上人民政府有关部门依照法律、法规履行旅游安全监管职责。

第七十七条　国家建立旅游目的地安全风险提示制度。旅游目的地安全风险提示的级别划分和实施程序，由国务院旅游主管部门会同有关部门制定。

县级以上人民政府及其有关部门应当将旅游安全作为突发事件监测和评估的重要内容。

第七十八条　县级以上人民政府应当依法将旅游应急管理纳入政府应急管理体系，制定应急预案，建立旅游突发事件应对机制。

突发事件发生后，当地人民政府及其有关部门和机构应当采取措施开展救援，并协助旅游者返回出发地或者旅游者指定的合理地点。

第七十九条　旅游经营者应当严格执行安全生产管理和消防安全管理的法律、法规和国家标准、行业标准，具备相应的安全生产条件，制定旅游者安全保护制度和应急预案。

旅游经营者应当对直接为旅游者提供服务的从业人员开展经常性应急救助技能培训，对提供的产品和服务进行安全检验、监测和评估，采取必要措施防止危害发生。

旅游经营者组织、接待老年人、未成年人、残疾人等旅游者，应当采取相应的安全保障措施。

第八十条　旅游经营者应当就旅游活动中的下列事项，以明示的方式事先向旅游者作出说明或者警示：

（一）正确使用相关设施、设备的方法；

（二）必要的安全防范和应急措施；

（三）未向旅游者开放的经营、服务场所和设施、设备；

（四）不适宜参加相关活动的群体；

（五）可能危及旅游者人身、财产安全的其他情形。

第八十一条　突发事件或者旅游安全事故发生后，旅游经营者应当立即采取必要的救助和处置措施，依法履行报告义务，并对旅游者作出妥善安排。

第八十二条　旅游者在人身、财产安全遇有危险时，有权请求旅游经营者、当地政府和相关机构进行及时救助。

中国出境旅游者在境外陷于困境时，有权请求我国驻当地机构在其职责范围内给予协助和保护。

旅游者接受相关组织或者机构的救助后，应当支付应由个人承担的费用。

第七章　旅游监督管理

第八十三条　县级以上人民政府旅游主管部门和有关部门依照本法和有关法律、法规的规定，在各自职责范围内对旅游市场实施监督管理。

县级以上人民政府应当组织旅游主管部门、有关主管部门和工商行政管理、产品质量监督、交通等执法部门对相关旅游经营行为实施监督检查。

第八十四条　旅游主管部门履行监督管理职责，不得违反法律、行政法规的规定向监督管理对象收取费用。

旅游主管部门及其工作人员不得参与任何形式的旅游经营活动。

第八十五条　县级以上人民政府旅游主管部门有权对下列事项实施监督检查：

（一）经营旅行社业务以及从事导游、领队服务是否取得经营、执业许可；

（二）旅行社的经营行为；

（三）导游和领队等旅游从业人员的服务行为；

（四）法律、法规规定的其他事项。

旅游主管部门依照前款规定实施监督检查，可以对涉嫌违法的合同、票据、账簿以及其他资料进行查阅、复制。

第八十六条　旅游主管部门和有关部门依法实施监督检查，其监督检查人员不得少于二人，并应当出示合法证件。监督检查人员少于二人或者未出示合法证件的，被检查单位和个人有权拒绝。

监督检查人员对在监督检查中知悉的被检查单位的商业秘密和个人信息应当依法保密。

第八十七条　对依法实施的监督检查，有关单位和个人应当配合，如实说明情况并提供文件、资料，不得拒绝、阻碍和隐瞒。

第八十八条　县级以上人民政府旅游主管部门和有关部门，在履行监督检查职责中或者在处理举报、投诉时，发现违反本法规定行为的，应当依法及时作出处理；对不属于本部门职责范围的事项，应当及时书面通知并移交有关部门查处。

第八十九条 县级以上地方人民政府建立旅游违法行为查处信息的共享机制，对需要跨部门、跨地区联合查处的违法行为，应当进行督办。

旅游主管部门和有关部门应当按照各自职责，及时向社会公布监督检查的情况。

第九十条 依法成立的旅游行业组织依照法律、行政法规和章程的规定，制定行业经营规范和服务标准，对其会员的经营行为和服务质量进行自律管理，组织开展职业道德教育和业务培训，提高从业人员素质。

第八章　旅游纠纷处理

第九十一条 县级以上人民政府应当指定或者设立统一的旅游投诉受理机构。受理机构接到投诉，应当及时进行处理或者移交有关部门处理，并告知投诉者。

第九十二条 旅游者与旅游经营者发生纠纷，可以通过下列途径解决：

（一）双方协商；

（二）向消费者协会、旅游投诉受理机构或者有关调解组织申请调解；

（三）根据与旅游经营者达成的仲裁协议提请仲裁机构仲裁；

（四）向人民法院提起诉讼。

第九十三条 消费者协会、旅游投诉受理机构和有关调解组织在双方自愿的基础上，依法对旅游者与旅游经营者之间的纠纷进行调解。

第九十四条 旅游者与旅游经营者发生纠纷，旅游者一方人数众多并有共同请求的，可以推选代表人参加协商、调解、仲裁、诉讼活动。

第九章　法　律　责　任

第九十五条 违反本法规定，未经许可经营旅行社业务的，由旅游主管部门或者工商行政管理部门责令改正，没收违法所得，并处一万元以上十万元以下罚款；违法所得十万元以上的，并处违法所得一倍以上五倍以下罚款；对有关责任人员，处二千元以上二万元以下罚款。

旅行社违反本法规定，未经许可经营本法第二十九条第一款第二项、第三项业务，或者出租、出借旅行社业务经营许可证，或者以其他方式非法转让旅行社业务经营许可的，除依照前款规定处罚外，并责令停业整顿；情节严重的，吊销旅行社业务经营许可证；对直接负责的主管人员，处二千元以上二万元以下罚款。

第九十六条 旅行社违反本法规定，有下列行为之一的，由旅游主管部门责令改正，没收违法所得，并处五千元以上五万元以下罚款；情节严重的，责令停业整顿或者吊销旅行社业务经营许可证；对直接负责的主管人员和其他直接责任人员，处二千元以上二万元以下罚款：

（一）未按照规定为出境或者入境团队旅游安排领队或者导游全程陪同的；

（二）安排未取得导游证的人员提供导游服务或者安排不具备领队条件的人员提供领队服务的；

（三）未向临时聘用的导游支付导游服务费用的；

（四）要求导游垫付或者向导游收取费用的。

第九十七条　旅行社违反本法规定，有下列行为之一的，由旅游主管部门或者有关部门责令改正，没收违法所得，并处五千元以上五万元以下罚款；违法所得五万元以上的，并处违法所得一倍以上五倍以下罚款；情节严重的，责令停业整顿或者吊销旅行社业务经营许可证；对直接负责的主管人员和其他直接责任人员，处二千元以上二万元以下罚款：

（一）进行虚假宣传，误导旅游者的；

（二）向不合格的供应商订购产品和服务的；

（三）未按照规定投保旅行社责任保险的。

第九十八条　旅行社违反本法第三十五条规定的，由旅游主管部门责令改正，没收违法所得，责令停业整顿，并处三万元以上三十万元以下罚款；违法所得三十万元以上的，并处违法所得一倍以上五倍以下罚款；情节严重的，吊销旅行社业务经营许可证；对直接负责的主管人员和其他直接责任人员，没收违法所得，处二千元以上二万元以下罚款，并暂扣或者吊销导游证。

第九十九条　旅行社未履行本法第五十五条规定的报告义务的，由旅游主管部门处五千元以上五万元以下罚款；情节严重的，责令停业整顿或者吊销旅行社业务经营许可证；对直接负责的主管人员和其他直接责任人员，处二千元以上二万元以下罚款，并暂扣或者吊销导游证。

第一百条　旅行社违反本法规定，有下列行为之一的，由旅游主管部门责令改正，处三万元以上三十万元以下罚款，并责令停业整顿；造成旅游者滞留等严重后果的，吊销旅行社业务经营许可证；对直接负责的主管人员和其他直接责任人员，处二千元以上二万元以下罚款，并暂扣或者吊销导游证：

（一）在旅游行程中擅自变更旅游行程安排，严重损害旅游者权益的；

（二）拒绝履行合同的；

（三）未征得旅游者书面同意，委托其他旅行社履行包价旅游合同的。

第一百零一条　旅行社违反本法规定，安排旅游者参观或者参与违反我国法律、法规和社会公德的项目或者活动的，由旅游主管部门责令改正，没收违法所得，责令停业整顿，并处二万元以上二十万元以下罚款；情节严重的，吊销旅行社业务经营许可证；对直接负责的主管人员和其他直接责任人员，处二千元以上二万元以下罚款，并暂扣或者吊销导游证。

第一百零二条　违反本法规定，未取得导游证或者不具备领队条件而从事导游、领队活动的，由旅游主管部门责令改正，没收违法所得，并处一千元以上一万元以下罚款，予以公告。

导游、领队违反本法规定，私自承揽业务的，由旅游主管部门责令改正，没收违法所得，处一千元以上一万元以下罚款，并暂扣或者吊销导游证、领队证。

导游、领队违反本法规定，向旅游者索取小费的，由旅游主管部门责令退还，处一千元以上一万元以下罚款；情节严重的，并暂扣或者吊销导游证、领队证。

第一百零三条　违反本法规定被吊销导游证的导游、领队和受到吊销旅行社业务经营许可证处罚的旅行社的有关管理人员，自处罚之日起未逾三年的，不得重新申请导游证、领队证或者从事旅行社业务。

第一百零四条　旅游经营者违反本法规定，给予或者收受贿赂的，由工商行政管理部门依照有关法律、法规的规定处罚；情节严重的，并由旅游主管部门吊销旅行社业务经营许可证。

第一百零五条　景区不符合本法规定的开放条件而接待旅游者的，由景区主管部门责令停业整顿直至符合开放条件，并处二万元以上二十万元以下罚款。

景区在旅游者数量可能达到最大承载量时，未依照本法规定公告或者未向当地人民政府报告，未及时采取疏导、分流等措施，或者超过最大承载量接待旅游者的，由景区主管部门责令改正，情节严重的，责令停业整顿一个月至六个月。

第一百零六条　景区违反本法规定，擅自提高门票或者另行收费项目的价格，或者有其他价格违法行为的，由有关主管部门依照有关法律、法规的规定处罚。

第一百零七条　旅游经营者违反有关安全生产管理和消防安全管理的法

律、法规或者国家标准、行业标准的，由有关主管部门依照有关法律、法规的规定处罚。

第一百零八条　对违反本法规定的旅游经营者及其从业人员，旅游主管部门和有关部门应当记入信用档案，向社会公布。

第一百零九条　旅游主管部门和有关部门的工作人员在履行监督管理职责中，滥用职权、玩忽职守、徇私舞弊，尚不构成犯罪的，依法给予处分。

第一百一十条　违反本法规定，构成犯罪的，依法追究刑事责任。

第十章　附　则

第一百一十一条　本法下列用语的含义：

（一）旅游经营者，是指旅行社、景区以及为旅游者提供交通、住宿、餐饮、购物、娱乐等服务的经营者。

（二）景区，是指为旅游者提供游览服务、有明确的管理界限的场所或者区域。

（三）包价旅游合同，是指旅行社预先安排行程，提供或者通过履行辅助人提供交通、住宿、餐饮、游览、导游或者领队等两项以上旅游服务，旅游者以总价支付旅游费用的合同。

（四）组团社，是指与旅游者订立包价旅游合同的旅行社。

（五）地接社，是指接受组团社委托，在目的地接待旅游者的旅行社。

（六）履行辅助人，是指与旅行社存在合同关系，协助其履行包价旅游合同义务，实际提供相关服务的法人或者自然人。

第一百一十二条　本法自 2013 年 10 月 1 日起施行。

参 考 文 献

[1] 国家旅游局人事劳动教育司. 旅行社经营管理. 北京：旅游教育出版社，2004.

[2] 上海春秋国际旅行社. 现代旅行社管理. 北京：中国旅游出版社，2002.

[3] 吴国清. 旅游线路设计. 北京：旅游教育出版社，2006.

[4] 孙喜林，荣晓华. 旅游心理学. 大连：东北财经大学出版社，1999.

[5] 陈启跃. 旅游线路设计. 上海：上海交通大学出版社，2011.

[6] 李志轩，吴银英. 旅行社会计实用手册. 北京：中国旅游出版社，2006.

[7] 刘潭彬. 旅游企业财务管理. 北京：旅游教育出版社，1991.

[8] 张道顺. 旅游产品设计与操作手册. 北京：旅游教育出版社，2006.

[9] 王晨宇，张姝悦，季相鑫. 南京2014年青奥会旅游产品策略研究. 农村经济与科技，2011，22（07）：79-81.

[10] 汪建敏. 中国干旱地区旅游线路设计的基本思路——兼论干旱地区旅游线路设计的理论方法. 干旱资源与环境，1993：Z1.

[11] 练红宇. 关于我国奖励旅游产品设计的探讨. 成都大学学报（社科版），2008，5：64-66.

[12] 赵丽丽. 旅行社奖励旅游产品设计之研究. 清远职业技术学院学报，2010，3（2）：105-110.

[13] 王荣红，邱正英. 关于老年人旅游线路设计的思考. 综合学术论坛，1994，5：237.

[14] 郑向敏，范向丽. 论女性经济时代的女性旅游市场开发. 旅游科学，2007，21（3）：65-71.

[15] 于洪贤，马守佳. 秦皇岛市旅游线路设计与营销策略的研究. 中国林业经济，2007，85：33-35.

[16] 涂远芬. 古村落体验旅游产品设计的策略初探. 农业考古，2011，04：392-395.

[17] 李翠霞，胡雪峰. 秦皇岛市对俄罗斯旅游产品设计研究. 中国商贸，2010，12：145-146.

[18] 张月芳，袁国宏. 基于体验经济的海南省旅游产品设计. 资源与产业，2008，10（2）：112-115.

[19] 腾讯体育 & 易观：2018中国冰雪产业白皮书. http://www.useit.cn/thread-17727-1-1.html.

[20] 伍策，冷竹. 大数据解读：2025年中国冰雪产业如何超万亿. 中国网. http://www.china.com.cn/travel/txt/2017-07/13/content_41208794.htm.

[21] 孔宁. 以2022年北京冬奥会为引擎 中国冰雪产业将迎来井喷式发展. 北京晚报，2018-03-28.

[22] 中投顾问产业与政策研究中心. 2017—2021年中国冰雪产业深度调研及投资前景预测报告.

[23] 《首届河北"不得不"旅游精品评选结果揭晓》腾讯大燕网. http://hb.jjj.qq.com/a/20170328/015767.htm.

[24] 黄海，葛岩琦. 冰雪旅游的类别特征和发展策略. 中国管理信息化，2015，（24）.